느림의 모놀로그

느림의 모놀로그

초판발행 2020년 7월 14일
지은이 박태수
펴낸이 신지원
펴낸곳 소소담담
등 록 2015년 10월 7일(제345-251002015000021호)
주 소 대구광역시 북구 호국로43길 7-19
전 화 053-953-2112

값 14,000원

ISBN 979-11-88323-42-5(03810)
ⓒ 박태수 2020

* 저자와 출판사의 사전 동의 없는 무단 전재 및 복제를 금합니다.
* 이 도서의 국립중앙도서관 출판예정도서목록(CIP)은 서지정보유통지원
  시스템 홈페이지(http://seoji.nl.go.kr)와 국가자료종합목록 구축시스템
  (http://kolis-net.nl.go.kr)에서 이용하실 수 있습니다. (CIP제어번호 :
  CIP2020028051)

느림의 모놀로그

박태수 수필집

솔솔
담담

| 프 | 롤 | 로 | 그 |

"수필은 청자연적이다. 수필은 난이요 학이요 청초하고 몸맵시 날렵한 여인이다." 금아 피천득 선생의 작품 〈수필〉의 서두다. 주어와 술어로만 된 이 은유법의 단 문장은 수필의 가치와 지향점을 함축성 있게 정의하고, 글에 담긴 무한한 표현의 가치는 잔잔한 여운을 남긴다. 이 작품을 통하여 꿈 많던 고등학교 국어 시간, 청결하고 고아高雅한 자태로 진흙에서 꽃을 피운 수련 같은 수필과 첫 인연을 맺었다.

수필은 작가 자신이 경험한 삶의 흔적을 문학적 형상과 교술로 회백색의 진주 빛 문장으로 빚어 티 없이 맑은 청자연적에 담아야 한다. 그리고 그 글은 옛 선비들이 지향志向한 난과 학처럼 내면에 형성된 사고와 가치를 청순하고 몸맵시 날렵한 여인과 같은 문장으로 써야 한다는 국어 선생의 설명을 듣는 순간 수필의 포로가 되었다.

한 갑자를 보내고 다시 태어난 해가 시작되는 날, 아내가 이제 바쁜 시간에 쫓기는 기계적인 삶에서 해방되었으니 글쓰기 공부를 해 보면 어떻겠냐는 제안을 하였다. 그 순간 내 안에 꿈틀거리던 그 무엇인가를 느꼈고, 며칠 서재에 틀어박혀 고민하다 글쓰기의 길에 접어들었다.

훗날 이런 일이 올 것을 미리 예견이나 하였는지 자연과학도였지만 학창 시절 《문학의 이해》를 수강하였고 틈틈이 시간 날 땐 괴테의 《파우스트》와 《젊은 베르테르의 슬픔》, 도스토옙스키의 《죄와 벌》, 헤르만 헤세의 《데미안》 등 서양 고전과 그 시절 발표된 리처드 바크의 《갈매기의 꿈》, 에릭 시걸의 《러브스토리》, 사르트르의 《말》과 《구토》를 읽던 젊은 시절도 있었다.

은퇴 후 글쓰기 공부를 하려고 경희대학교와 아주대학교 평생교육원에 개설된 문예창작 강좌를 수강하였다. 첫해에는 여러 장르의 기초를 공부하면서 고전 소설이나 문학 서적을 읽고 생각을 정리하여 연상聯想하는 과정과 함께 주기적으로 글쓰기를 반복하였고 그 이듬해에는 수필 공부에 몰입하였다.

두 대학에서 6년 동안 글공부를 하면서 첫 작품인 〈늦은 방학 숙제〉로 《수필미학》 신인상을 받고 문단에 들어섰다. 그 후 아주대학교에서 〈오 원짜리 동전의 추억〉으로 '아주문학상'을 받으면서 되돌아갈 수 없는 루비콘강을 건넜다.

　글을 쓰면서 넘지 못하는 벽에 부딪혀 한동안 침체의 늪에서 몸부림치다 인문학의 도시 수원 선경도서관에서 운영하는 '서양 고전 강좌'에서 4년간 주옥 같은 고전을 읽고 공부하면서 글쟁이는 책을 읽어야 한다는 평범한 이치도 깨달았다.

　때로 나태함이 온몸을 짓누를 땐 몇 권의 책과 노트북, 그리고 똑딱이 카메라를 배낭에 넣고 국내·외 이곳저곳을 여행하면서 생각과 느낌, 시각적인 외연을 확장하며 다시 글쓰기 매력에 빠져들었다.

　그동안 게으름만 피우다가 글공부를 시작한 지 10년이란 세월이 지났다. 칠 순종順從의 도道가 도래한 때를 맞춰 그간 써 두었던 작품을 한곳에 묶어 수필집을 펴내지만, 부끄럽고 송구한 마음 피할 길이 없다.

　혈기포태血氣胞胎의 나그네가 인생길 여행을 떠난 지 희수稀壽의 세월을 보내고 그간 걸어온 길을 뒤돌아본다. 청소년 때는 화창한 봄날 어머니 품속같이 포근한 비단길을 걸었고, 청년 시절엔 작달비와 풍우설상에도 피하거나 되돌아서지 않고 혈기만 앞세워 무조건 달렸다. 불혹의 장년에는 청량하고 호젓한 숲길 따라 산정山頂에 올라 웅비도 하였지만, 지금은 눈앞에 보이는 6펜스가 아니라 저 멀리 보이는 둥근 달 속에 숨겨진 이상을 찾아 살고자 한다.

파스텔 블루 창공에 앞산 자락 수목은 초록 나래를 펼치고, 어디론가 흘러가는 순백의 구름은 허락 없이 끼어들어 삶의 박동이 느껴지는 춤사위를 펼친다. 그 순간 어디에선가 나타난 길손 까마귀가 나도 질세라 시샘하며 날갯짓하자 한 폭의 동양화가 그려진다. 때마침 산장 뒤 대미산 뻐꾸기는 아직도 짝을 만나지 못하였는지 애달픈 연가를 목놓아 부르고, 초여름 녹풍은 싱그러움을 담아 쉬지 않고 나른다. 어느새 나그네는 이곳이 비록 진晉의 호남湖南은 아닐지라도 세월 낚는 어부가 되어 도연명이 찾았던 무릉도원의 정취에 젖는다.

먼저 하늘에 계신 부모님께 두 손 받들어 이 책을 올리고, 그동안 반백의 시간을 가까이서 보살펴준 아내 오당에게 사랑을 전한다. 그리고 두 아들, 가족이 되어 준 며느리, 사랑스럽고 눈에 넣어도 아프지 않은 세 손자 녀석들에게 하트를 날린다.

수필 문학의 길목에서 만나 넘치는 가르침을 주신 우은숙, 김현탁, 신재기, 여세주 교수님과 고전문학의 깊은 가르침을 준 경희대 이병수 교수님과 서울의대 박병주 교수님께 감사드리고, 원고를 책으로 엮어준 출판사 소소담담 대표와 관계자에게도 고맙다는 인사를 드린다.

2020년 6월
문경 여우목골 대미산 자락 작은 산방에서
무애 박 태 수

| 차 | 례 |

프롤로그 _ 4

I. 추억의 조각들

늦은 방학 숙제 _ 15

아베 마리아 _ 20

할아버지의 단상^{斷想} _ 25

할머니의 곰방대 _ 30

추억 저장고 '우표' _ 35

술지게미에 얽힌 일화 _ 41

첫 외출 _ 46

아드린느를 위한 발라드 _ 52

'오 원'짜리 동전의 추억 _ 57

전원 생활을 꿈꾸며 _ 61

II. 마음의 여백

글쓰기의 길　_ 71

돌 예찬　_ 76

느림의 모놀로그　_ 81

암각화의 '흔적 미학'　_ 86

《호수의 여인》을 찾아서　_ 93

고뇌하는 침묵 속에서　_ 98

자화상　_ 102

탐욕의 늪　_ 107

이 보오 저 늙은이　_ 112

인연　_ 118

III. 건강한 일상

커피 한 잔의 정감情感　_ 131

탄수화물은 '건강의 적'이 아니다　_ 138

비만에 대한 단상斷想　_ 143

새벽 운동　_ 148

자장면　_ 153

최고의 다이어트 식품 '김치'　_ 158

'무' 무시하면 안 된다　_ 162

와인　_ 167

건망　_ 172

보약 같은 걷기 운동　_ 177

IV. 고전의 울림

오만과 편견을 극복한 사랑 _ 185

존재의 가벼움에 대한 철학적 사유思惟 _ 192

뫼르소와 부조리 _ 203

사랑의 이상과 현실 _ 211

조르바의 자유로운 영혼 _ 217

슈호프의 고발 _ 223

이상을 찾아 _ 231

혼돈과 방황 _ 237

진정한 사랑이란 _ 243

루드비크의 오류 _ 248

【서평】 자기 진실성 찾기 | 이병수 _ 255

【작품론】 수필 외연의 확장 | 신재기 _ 256

I. 추억의 조각들

유교 이념을 떠나 한 집안의 어른인 할아버지의
위상이 제자리에 있을 때, 갈등을 조정하고 줄이
는 역할을 할 수 있다. 이어져 내려온 인습과 관습
그리고 추구하는 이상이 조화를 이룰 때 가정은
화목하고 사회는 밝아진다.
― 〈할아버지의 단상斷想〉 중에서

늦은 방학 숙제

고등학교 1학년 여름방학 국어 숙제는 독후감 쓰기였다. 서점에 들러 이런저런 책을 뒤적이다가 한 권을 샀다. 1964년 노벨문학상 수상작인 장 폴 사르트르Jean Paul Sartre의 《말》Les Mots이었다. 이 책을 선택한 이유는 노벨문학상 수상자로 결정되었으나 전무후무前無後無하게도 상을 거부하여 당시 매스컴에서 야단법석이었기 때문이었다. 집에 돌아와 몇 쪽을 읽었다. 고교입시 후 읽은 《삼국지》나 《수호지》보다 흥미가 없어 금방 지쳐버렸다. 솔직히 말하면 내용도 어려웠고 고등학생이 되어 기다렸던 첫 방학인데 친구들과 어울려 놀고 싶었기 때문이었다.

무덥고 지루한 여름방학이었지만 놀다 보니 어느새 방학의 끝자락에 다다랐다. 독후감 숙제를 하기 위하여 다시 책을 들었으나 이번에는 읽기에 물리적으로 시간이 부족하였다. 그러나 숙제는 하여야 했기에 책을 만지작거리다 무례하게도 책 뒤쪽에 있는 역자의 후기를 원고지에 옮겨 적었다. 아마 후기를 베끼려고 미리 작정하였기 때문에 책 읽는 것을 게을리하였는지도 모른다. 원고지에 옮겨 적으면서 한 가지 기대는 '설마 선생님이 240명의 독후감을 다 읽지는 않겠지!' 하면서 안위하였다.

유난히 가뭄과 더위가 심하였던 방학이 끝나고 개학 후 첫 번째 국어 시간이 왔다. 출석을 부른 후 맨 앞에 앉아 있는 친구들에게 방학 숙제를 걷어오라는 선생님 지시에 따라 키가 작아 앞자리에 앉은 나는 뒤쪽 친구들의 숙제를 걷어 냈다. 숙제를 받아든 선생님은 맨 위에 있는 나의 독후감 제목을 보면서 "이 녀석 좋은 책 읽었네" 하면서 흘러가는 얘기로 칭찬하는 소리에 순간 '이제 죽었다'는 생각이 스쳐 갔다.

아니나 다를까 다음 시간에 선생님이 교실에 들어오면서 떠드는 학생들이 모두 놀랄 만한 소리로 "박태수 앞으로 나와!" 하였다. 순간 올 것이 왔다고 생각하며 교탁 앞에 서는 순간 퍽! 퍽! 퍽! 소리와 함께 몇 차례 번개가 쳤다. 선생님은 검은 마분지로 된 출석부로 나의 머리 정수리와 좌우를 가격하자 교실 안은 적막강산이 되었다.

몇 대 맞고 정신을 차리고 보니 선생님께서 "책 읽고 독후감을 써오라고 했는데 역자의 후기를 베껴 오는 놈이 어디 있나, 너는 다음 주까지 이 책과 다른 책 한 권을 더 읽고 독후감을 써와!"라는 독박을 썼다. 줄거리나 역자의 후기를 베껴낸 친구 몇 명이 있었는데 언제 불려 나갈지 걱정하고 있었으나 한 학기가 끝날 때까지 불려 나간 친구는 나 이외 한 명도 없었다.

숙제에 얽힌 사연 때문에 대학생이 되어 사르트르에 관심을 가지게 되는 계기가 되었다. 마침 철학 수업 시간에 사르트르의 실존주의 철학과 사상, 당시에 생소한 이야기인 보부아르 여사와의 계약 결혼 등 사르트르에 대한 강의를 듣고 방학 숙제에 얽힌 추억을 반추하며 《말》을 다시 읽었다. 어떻게 보면 고등학교 방학 숙제를 대학생이 되어서 하려고 했는지도 모른다. 책을 읽을수록 책 속에 빠져들었고 그때와 달리 이해할 수 있는 폭이 넓어졌다는 것을 느끼며 책 읽기가 즐거웠다.

《말》은 유년기(10살 정도)의 기억에서 출발한 자전적 이야기이지만 다른 자서전과 달리 유년기에만 맞춰져 있다. 사르트르가 환갑 직전에 이 책을 저술하면서 왜 유년기 이야기만 썼는지는 알 수가 없다. 철학과 문학 등 재능을 뽐냈던 대학 시절에 대해서는 한마디도 쓰지 않았다. 어쩌면 성장기에 느꼈을지 모르는 기분 좋지 않은 추억과 되돌아보고 싶지 않은 열등의식이 있었는지도 모르겠다.

그렇지만 그가 두 살 때 저세상으로 떠나버린 아버지에 관한 이야기는 "나와 인사를 나누는 기쁨마저 베풀지 않고 살그머니 달

아나 버린"이란 표현으로 아버지에 대한 감정을 냉소적으로 표현하면서도 두어 줄로 요약한 그의 문장은 담백하면서도 포근함을 느꼈다. 어떻게 보면 자신의 유년 시절을 완숙기에 접어든 시기에 자신의 철학 사상과 가치를 기준으로 저술하였으니, 이 책을 통하여 사르트르를 좀 더 이해할 수 있어 좋았다.

《말》을 읽고 사르트르의 동반자 보부아르에 관해서도 관심을 가졌다. 그와 보부아르는 서로를 자유롭게 하는 지적知的 동반자 관계로 당시에는 상상하기 어려운 계약 결혼이라는 생소한 말을 만들었다. 세인世人들이 이상한 뜻으로 이 말을 이해하였으나 그는 자신의 평생 동반자 보부아르와의 관계에 대해 "변하지 않았고 또 앞으로도 변하지 않을 한 가지 사실은 무슨 일이 일어나든 또한 내가 어떤 사람이 되더라도 난 그대 보부아르와 늘 함께하리라는 사실이라오." 하고 말한 것을 볼 때, 두 사람의 깊은 사랑과 진정한 부부의 연緣을 느낄 수 있었다. 죽음이 두 사람을 갈라놓을 때까지 함께한 사실은 사회적 규범의 결혼이라기보다는 영원한 사랑의 계약 결혼이었다.

대학 1학년 늦가을 국어 선생님을 버스 안에서 우연히 만났다. 선생님은 나의 허리춤을 잡아당기면서 "술 한잔하자"면서 함께 버스에서 내려 조그만 선술집으로 갔다. 서먹함도 잠시 나는 선생님에게 거두절미하고 "선생님! 그때 왜 저를 그렇게 심하게 때리셨어요?" 하면서 항의 아닌 항의를 하였다. 선생님께서는 그때와 같은 말투로 "베꼈으니 때렸다 왜 지금 나하고 한판 붙을래." 하며 뒷머리를 툭 치셨다.

돼지껍질 볶은 것과 소주를 시켜 한 순배 돈 후 3년 전 상황을 기억하고 때린 이유를 설명해 주었다. "국어 선생인 내가 그때 《말》을 읽지 못했던 터라 네가 쓴 독후감을 보고 기특하여 칭찬하였는데, 내가 책을 읽고 보니 너의 독후감 내용이 뒷면에 있는 역자의 후기와 같아 화가 치밀어 때렸다."라고 하면서 또다시 가격할 자세를 취하였다. 나는 즉시 한 손으로 머리를 움켜 싸면서 재빨리 다른 한 손으로 소주병을 들고 그때 잘못에 대한 용서를 구하며 두 손으로 공손히 소주를 따랐다. 선생님은 "아! 그래 이제 용서할게." 하면서 너털웃음과 함께 단숨에 술잔을 비우고 또 따르라고 재촉하였다.

소주 몇 잔 들고 철학 시간에 공부한 사르트르와 보부아르 여사에 대한 이야기보따리를 풀고 늦도록 유쾌한 취중 대화의 시간을 가졌다. 선생님께서는 마지막 잔을 비우며 "너, 나 때문에 사르트르 공부 좀 했구나. 다 내 덕인 줄 알아, 이제 방학 숙제 완전히 끝났다!" 하면서 술자리를 일어섰다.

우연한 만남에서 당시 선생님이 화낸 심정을 이해했고, 늦었으나 그때 잘못에 대한 용서를 구함과 함께 부끄러운 나 자신을 내려놓을 수 있었다. 그리고 중요한 한 가지 사실은 고등학교 일 학년 여름방학 숙제를 대학생이 되어서야 비로소 마쳤다는 점이다.

아베 마리아

　아베 마리아는 가브리엘 대천사가 나사렛 지방에 사는 시골 처녀 마리아에게 나타나 예수 그리스도의 탄생을 미리 알리기 위하여 '은총이 가득한 여인이여 기뻐하라!'라고 인사했던 말의 라틴어 표기다. 가톨릭교회와 정교회에는 그리스도의 어머니를 칭송하고 전구轉求하는 〈성모송〉이라는 기도문이 있다. 글귀는 루카 복음 1장 28절과 42절에서 취한 '천사의 축사'와 15세기에 부가된 '성모에 대한 기원'으로 이루어졌다.

　성모송은 6~7세기부터 미사에 포함되었다. 10세기에 들어서는 창틀 미사에서 그레고리오 성가로도 불렀다. 르네상스 시대에는 작곡가들이 전례典禮 곡뿐만 아니라 성악곡으로도 만들었다.

그중에서도 슈베르트의 아베 마리아가 널리 알려져 음악 애호가로부터 사랑을 받는다. 이 곡은 1825년 슈베르트가 영국 서사시敍事詩 시인 월터 스콧Walter Scott의 〈호수의 여인〉Lady on the Lake 중에서 앨런의 노래를 가사로 삼아 작곡한 것으로, 앨런 더글러스가 성모 마리아에게 드리는 기도 부분이다.

여러 작곡가가 '아베 마리아'라는 표제로 곡을 만들었다. 미사 전례용 성모송이 순수한 종교적 예식에 따른 엄숙하고 장엄한 묵상黙想 음악이었다면, 슈베르트 곡은 동정 성모를 찬미하면서도 의식적으로 종교적 감정을 일으키려 하지 않았다. 단지 앨런의 노래에서 얻은 영감과 단순하고 잔잔한 음률에 따라 기도하듯 연주하고 노래할 수 있도록 작곡하였다. 슈베르트는 이 곡을 만들면서 신앙적 감정과 정신을 엄숙하게 담지 않았지만, 전례 성가에 있는 여느 성모송 못지않게 훌륭한 곡이다. "아베 마리아, 자비로우신 동정녀여. 이 어린 소녀의 기도를 들어 주소서"

해마다 오월이 되면 아지랑이 피어오르듯 아련히 떠오르는 첫사랑(?)의 그리움이 있다. 사춘기 시절 연민의 정이 아니라 어머니가 아기를 포근히 감싸듯 햇살 같은 따사함을 느낀 사랑이었다. 해 질 무렵 검은 수도복에 하얀 베일을 쓰고 피아노 앞에 앉아 건반을 두드리면서 슈베르트의 '아베 마리아'를 들려주었던 프란체스카 수녀님!

장미꽃이 활짝 피었던 오월 '성모성월'의 마지막을 장식하는 '성모의 밤'에 독창으로 성가를 부르게 되었다. 지금은 다른 곳으로 이전하여 그 자리에 학교가 없지만, 천주교 '수원 성지'인 북수동 성당 옆 자락에 돌로 지은 소화초등학교가 있었다. 그분은 음악 교실에서 일과 후에 성가聖歌를 가르쳐 주었다. 그 시절 초등학교에서 건반악기로는 풍금뿐이지만 이 학교는 수원 유일의 사립학교라 음악 교실과 그랜드 피아노가 있었다.

집에서 그곳까지 가려면 종종걸음으로 30분 정도 가야 하는 거리다. 약속 시각에 늦지 않으려고 숨가쁘게 걸어가 음악 교실에서 조용히 기다린다. 그분은 교실 문을 스르르 열면서 "왔니!" 하고 피아노 위 벽면에 걸려 있는 십자가를 향하여 성호를 긋고 기도를 드린다. 기도가 끝나면 잠시 건반 연습을 하고 이어 아름다운 목소리로 슈베르트의 아베 마리아를 부른다(교습 때마다 여러 작곡가의 '아베 마리아'를 연주). 성가 지도가 끝나면 당신이 불렀던 곡에 얽힌 여러 가지 이야기를 자상하게 들려주었다.

성모성월이 끝난 어느 날, 그분은 간다는 말도 없이 어디론가 떠났다. 한동안 성당에 가면 그분에 대한 그리움으로 마음이 허전하였다. 제대 옆에 놓여있는 성모상을 바라보노라면 순간 그분의 모습이 뇌리를 스쳐 갔다.

내가 받은 사랑과 관심만큼 알고 싶은 것도 많았는데 채 알기도 전에 떠났다. 궁금증은 후임 수녀로부터 성악과 피아노를 전공하고 음악 교사로 봉직하다 수도자가 되었다는 것과 평생 독신 수도 생활을 하겠다는 종신허원終身許願을 하기 위하여 본원으로 돌아갔다는 이야기를 들었다.

몇 년이 지난 어느 날 텔레비전에서 그분의 피아노 연주회를 보았다. 그날도 슈베르트의 아베 마리아를 연주하였다. 순결하고 고귀한 천상의 모후에게 온몸으로 기도하듯 새하얀 두 손은 우아하고 부드럽게 건반을 스쳐 갔다.

55년의 세월이 흘렀다. 지금도 슈베르트의 아베 마리아를 들을 때면 성모성월 마지막 그날 밤이 생각난다. 순결과 변함없는 사랑이 넘치고 백합 향이 깊게 드리운 초저녁 밤에 성가를 불렀던 추억과 함께 청순한 그분의 모습이 또렷하게 떠오른다.

지금도 아베 마리아를 즐겨 듣지만, 그분 때문에 나는 슈베르트 곡을 특히 좋아한다. 그뿐만 아니라 경건하고 순수한 느낌을 주는 구노의 곡과 열정적이고 애절한 기도를 담은 줄리오 카치니의 곡도 좋아한다. 아베 마리아 성악곡은 마리아 칼라스, 루치아노 파바로티, 플라시도 도밍고, 호세 카레라스, 안드레아 보첼리 등 누가 불러도 좋지만, 피아노나 바이올린이나 트럼펫 연주도 좋다. 왜냐하면 혼자 기도하듯 따라 부를 수 있기 때문이다.

고등학교 교장 선생님을 끝으로 공적 활동을 마치고 지금은 팔순이 넘은 은퇴 수도자로 기도하며 조용히 수도 생활을 한다는 이야기를 들었다. 말없이 떠난 후 한 번도 만난 적은 없지만 젊었을 때 모습을 상상하면서 그분의 모습을 그려본다.

사춘기 시절 아베 마리아를 피아노로 연주하며 노래하는 그분의 뒷모습을 바라보며 나 혼자 깊은 첫사랑의 심연에 빠졌다. 비록 가까이 다가갈 수 없는 짝사랑이었지만 영원히 지워지지 않는 아름다운 아베 마리아의 사랑으로 가슴 깊이 남아 있다.

할아버지의 단상斷想

 초등학교 5학년 때 학교 가는 길모퉁이 밭두렁 옆에 사는 K라는 단짝 친구가 있었다. 등굣길에 친구 집에 먼저 가서 기다리기도 하고 내가 늦으면 K는 할아버지와 함께 나를 기다렸다. 매일 아침 '할아버지 학교 다녀오겠습니다!' 하고 논두렁 밭두렁 옆길을 따라 학교로 갔다. K는 항상 할아버지와 있었던 이야기를 쉬지 않고 참새처럼 재잘재잘 들려줬지만, 내가 태어나기 몇 해 전 세상을 떠난 할아버지에 대한 그리움 때문에 마음 한구석이 허전하였다. 그러나 K의 이야기를 들을 때마다 '할아버지는 손자를 매우 사랑하는 분'이라고 생각했다.

 가을걷이가 끝난 겨울 들녘. 밤사이 앙상한 들판에 살포시 내려

앉은 서리가 차가운 밤기운에 새하얀 꽃으로 활짝 피어 아침 햇살에 반짝이며 수줍게 인사한다. 들녘에는 이삭 줍는 겨울 철새 한 무리가 간밤에 배가 고팠는지 쉬지 않고 모이를 찾아 이리저리 자리를 옮겨 다닌다. 수컷 두 녀석은 무슨 억한 감정이 있는지 먹이는 먹지 않고 목깃을 세우고 '푸드덕 날아올랐다 내렸다' 하며 싸움만 한다. 어제 등굣길에는 동풍(凍風)이 불지 않아도 귀가 시려 어머니가 뜨개질로 만들어 준 모자를 꾹 눌러썼다. 하지만 오늘 바람은 어제보다 더 차가워도 어쩐 일인지 그다지 추위를 느끼지 않는다. 겨울 방학식을 하는 날이기 때문이다.

학교를 파하고 돌아가는 길에 K가 '방학도 했으니 우리 집에서 놀자'고 하여 친구 집으로 갔다. '할아버지 학교 다녀왔습니다!' 하고 대청마루에 가방을 내려놓고 이리저리 마당을 뛰어다니며 정신없이 놀았다. 지칠 즈음 "따뜻할 때 먹어라!"며 K의 어머니가 동지 팥죽과 삶은 감자로 점심을 차렸다.

K의 할아버지는 점심을 먹는 동안 재미있는 이야기를 들려주시다가 "방학도 하였고 바람도 제법 부니 함께 연을 만들어 날려볼까" 하였다. 나와 K는 소리를 지르고 발을 구르며 좋아하였다. 할아버지의 날렵한 솜씨 덕분에 어렵잖게 방패연을 만들었다. 누가 하늘 더 높이 연을 날리는지 겨루며 시간 가는 줄 모르고 놀다 저물녘이 되어서야 마쳤다. K의 집안은 농사를 짓고 있어 먹고살기가 어려웠던 그 시절에도 먹는 걱정은 하지 않았다. 저녁까지 배

불리 얻어먹고 K의 집을 나섰다.

  집으로 가는 길은 초저녁 시간이었지만 이미 어둠이 짙게 드리웠고 밤공기는 차가웠다. 들판에 내린 서릿발 위에 달빛이 반사되어 밤길이 그리 어둡지 않았다. 즐거웠던 순간의 여운이 남아서인지 콧노래를 부르며 갔다. 대문에 붙은 쪽문을 열고 아무 생각 없이 '엄마!' 하고 외마디로 크게 외쳤다. 어머니는 그 소리를 듣자마자 쏜살같이 부엌에서 나왔다. '이 녀석 어디서 놀다 이제 왔느냐' 하면서 들고 있던 부지깽이로 엉덩이를 사정없이 매타작하였다. 몇 대 맞고서야 늦게 돌아온 나를 기다리다 화가 난 심정을 알아차렸으나 이미 방패연은 찢어져 못쓰게 되었다.

  지금은 휴대폰이 있어 전화만으로도 아이들이 어디 있는지를 파악할 수 있지만, 그 시절에는 이름을 부르며 동네를 찾아다니지 않으면 달리 방법이 없었다. 손찌검하신 어머니의 심정을 이해하지만, 마음 한구석에 자리하고 있던 할아버지에 대한 그리운 마음을 말씀드리지 못한 것에 대해 아쉬움과 허전함이 있었다. 다음날 어머니는 엉덩이를 따뜻한 손길로 문지르면서 "친구 집에서 놀다 왔다면 될 것을 왜 말하지 않았느냐"고 부드럽게 나무랐지만, 그날도 대답하지 않았다.

  성인이 된 어느 해 할아버지 제삿날. 제를 올리고 가족이 함께 모인 자리에서 그날 친구 집에서 느꼈던 할아버지에 대한 그리움과 속마음을 소상하게 이야기했다. 어머니께서는 "왜 그런 이야기를 그때 하지 않았느냐" 하면서 어머니도 시아버지 생각에 눈시울을 적셨다.

외할아버지께서는 막내딸인 어머니가 위안부로 끌려가지나 않을까 염려되어 열여덟 어린 나이에 팔 남매 맏며느리로 시집보냈다. 어머니는 시집살이가 힘들 때마다 시아버지의 따뜻한 사랑과 보살핌으로 견디셨다는 이야기를 자식들에게 자주 하였다.

어릴 때 친구들이 할아버지 댁에 다녀온 이야기를 할 때마다 나는 누렇게 빛바랜 사진으로만 볼 수밖에 없었던 할아버지에 대한 그리움이 마음 한구석에 있었다. 그때마다 먼 훗날 할아버지가 되면 손자들에게 사랑도 듬뿍 주고 기억에 남는 할아버지가 되겠다고 생각하였다.

아련한 추억을 간직한 소년이 이제 칠순을 넘어 손자 셋을 둔 할아버지가 되었다. 요즈음은 핵가족화로 할아버지에 대한 역할이 예전 같지는 않지만, 그래도 할아버지로서의 위상을 세우려 노력한다.

전통적인 농경사회에서는 할아버지가 가족을 대표하고 집안 어른으로서 가산도 관리하며 조상의 제사를 모시면서 존경받는 웃어른이었다. 하지만 지금 시대의 할아버지 위상은 예전 같지 않다. 그러나 평균 수명은 점점 길어지고 고령사회에 진입한 이 시점에서 정녕 할아버지의 역할은 없을까.

그렇지 않다. 사회학의 아버지 에밀 뒤르켐은 자신의 강좌록

《가족사회학 입문》에서 '사회 속 또 하나의 작은 사회인 가정(집안)의 중요성'을 강조하였다. 유교 이념을 떠나 한 집안의 어른인 할아버지의 위상이 제자리에 있을 때, 갈등을 조정하고 줄이는 역할을 할 수 있다. 이어져 내려온 인습과 관습 그리고 추구하는 이상이 조화를 이룰 때 가정은 화목하고 사회는 밝아진다.

할머니의 곰방대

　정설은 아니지만, 우리나라에 담배가 들어온 시기는 임진왜란과 정유재란이 끝난 1600년대 초에 '남초南草'라는 이름으로 전해졌다는 기록이 있다. 이름은 왜란 때 왜군이 피우고 전파하였기에 왜국이 있는 남쪽에서 전해진 풀이라 그렇게 불렀다.

　남초라고 불렀던 것을 '담배'라고 하게 된 것은 조선 중기 효종 왕비 인선왕후의 아버지인 장유張維가 폐에서 목구멍에 이르는 기도에 생긴 가래를 목 밖으로 내보낸다는 의미로 담배라고 하였다고 전해진다. 초기에는 남초라는 이름 말고도 요초妖草, 영초靈草, 연주煙酒, 상사초想思草, 신다新茶, 반혼초反魂草 등 다양하게 불렀다.

　전파 초기에는 경제적으로 여유가 있는 양반 부류들이 신분을 과시하기 위하여 피우다가 조선 후기에 대중에게 널리 파급되었다. 김홍도가 그린 것으로 추정하는 춘화집 《운우도첩》雲雨圖帖에 수록된 작품 속에서도 유곽의 여인이 장죽長竹을 입에 물고 농염하면서도 예술적 격조를 갖춘 모습으로 화폭에 등장한다.

가요나 문학에서도 담배를 소재로 한 구절이 많다. 한때는 TV 드라마에서 분위기 있게 담배를 피우는 주인공이 등장하지 않으면 드라마가 되지 않을 정도로 흡연하는 장면이 많았다. 그러나 언젠가부터 담배를 피우는 장면이 TV에서 사라졌다. 이유는 담배로 인한 건강 폐해와 함께 청소년과 여성의 흡연율이 증가하면서 담배 피우는 장면이 금지되었다.

캐나다에서는 담배를 마약과 같은 건강 위해 물질로 분류하였고, 싱가포르에서도 공공장소나 길거리에서 피우지 못하게 하는 조치들이 이루어졌다. 우리나라도 공공건물과 공공장소에서 흡연을 금지하고 범위와 대상을 점차 확대하고 있다. 국민건강보험공단은 담배 회사를 상대로 건강피해 보상소송을 제기하기도 하였다.

한때는 신분 과시용으로 다른 한때는 멋있게 보이던 흡연 모습이 이제는 공공의 적으로 규제 대상이 되었다. 세월의 흐름에서 담배에 대한 인식이 변하는 현실을 지켜볼 때 격세지감을 느낀다.

어느 날 집안 정리를 하다 오래된 물건들을 놓아둔 곳에서 할머니가 사용하였던 곰방대가 눈에 띄었다. 설대가 그리 길지 않고 대통이 크지 않은 것이다. 그 시절 할머니들이 주로 사용하였던 곰방대의 전형이다. 할아버지가 일찍 세상을 떠나시고 홀로되신 할머니는 곰방대로 '풍년초'豊年草 라는 잎담배를 피우셨다. 담배 때문인지는 알 수 없지만, 기침도 자주 하였다. 가끔 기침 후 가래가 나오면 요즈음처럼 간편하게 사용할 수 있는 화장지가 없어 주물로 된 재떨이에 뱉곤 하였다. 바로 치우지 않으면 담뱃재와 섞여 역겨운 냄새가 났다.

중학교 3학년 때부터 나는 할머니와 한 방에서 생활하였다. 담배 때문에 고부姑夫 간의 갈등이 자주 일어났다. 이유는 위로 두 분의 형님이 중학교 다닐 때부터 몰래 담배를 피웠기에 사춘기인 내가 형들처럼 담배를 배우지 않을까 걱정하였기 때문이었다. 나는 어머니가 염려하는 것을 알고 절대로 담배를 피우지 않겠다고 약속하여도 항상 걱정이 앞섰다.

추운 겨울밤 나는 할머니가 방에서 담배를 피우면 연기와 냄새를 없애려고 얼마 동안 창문을 열었다. 난방이 열악한 그 시절, 환기로 인한 냉기 때문에 이불을 정수리 끝까지 끌어올려 덮고 자야만 하는 불편을 감내해야 했다. 때로는 할머니에게 밖에 나가서 피우면 좋겠다고 투정을 부리기도 하였다. 그때마다 할머니도 손자의 간청을 모른 척할 수 없으셨던지 속이 빈 곰방대를 입에 물고 긴 밤을 설친 적이 한두 번이 아니었다. 나는 그때 각인된 좋지 않은 기억 때문에 담배를 피우지 않는다. 그뿐만 아니라 지금도 길을 가다 담배 피우는 사람이 있으면 냄새를 피하려고 빠른 걸음으로 지나간다.

하루는 할머니가 심하게 재떨이를 두들겨 왜 그러시냐고 물었더니 곰방대가 막혀 담배를 피울 수 없다며 투정이셨다. 그 시절 풍년초는 지금 담배와 달리 품질이 좋지 않고 타르tar의 함량도 높아 자주 막히곤 하였다. 할머니는 대통 부분이 막힌 줄 알고 몇 차례 재떨이에 두들긴 후 잎담배를 채워 불을 붙였으나 해결되지 않자 금단 증상을 참지 못하시고 나를 빨리 호출하기 위해 두들긴 것이다.

여러 차례 막힌 곰방대를 청소하다 보니 나름 비결이 쌓였다. 신속하게 곰방대를 세 부분(대통, 설대, 물부리)으로 분리하고 가는 강철 줄(야외 전화선의 껍질을 벗긴 것)로 막힌 담뱃진을 깨끗하게 제거하여 드렸다. 할머니는 곰방대에 잎담배를 채워 꼭꼭 누르고 불을 붙여 한 모금 담배 연기를 삼켰다. 잠깐 숨을 참은 후 폐에 들어갔다 나온 연기를 허공에 '후~우' 하고 내뿜고 나면 일순간 금단증상이 사라지면서 편안한 모습을 지으셨다.

어느 날 해수 기침이 그치질 않자 어머니는 할머니를 모시고 동네에 있는 내과의원에 갔다. 원장은 진찰을 마치고 천식 합병증으로 진단을 내렸다. 할머니에게 더는 담배를 피우면 폐가 망가져 숨을 쉴 수 없게 된다며 당장 담배를 끊으라고 했다. 그동안 재떨이에서 나는 고약한 냄새 때문에 어머니는 수도 없이 담배를 끊으라고 애원하였으나 듣지 않으시던 할머니가 그날로 담배를 끊었다. 할머니 자신도 당신의 건강 상태가 심각하다는 것을 느끼고 계셨다.

집에 돌아와 할머니에게 왜 담배를 피우게 되었는지를 여쭈었다. 할머니는 기침할 때 가래가 목에 걸려 불편하였는데 친구가 담배를 피우면 가래가 잘 나온다고 알려주어 오래전부터 피웠다고 하셨다. 장유가 담배라고 이름을 붙인 이유와 일치하는 대답을 들었을 때 구전의 힘을 느꼈다.

그날 저녁 퇴근한 아버지에게 어머니는 "그렇게 담배를 피우지 말라고 권하여도 듣지 않으시더니만 건강 잃고 담배를 끊으셨다."며 푸념하였다. 할머니가 담배를 끊음으로써 그동안 불편한 고부간의 관계는 해소되었다. 그러나 얼마 지나지 않아 할머니는 천식과 폐렴 합병증으로 78세에 세상을 떠나셨다.

흡연은 이제 개인의 기호가 아니라 건강을 해치는 행위로 인식한다. 그 이유는 담배를 피울 때 몸속으로 들어가는 타르, 니코틴, 일산화탄소를 포함한 수십 종의 위해 물질이 폐, 식도, 구강, 위, 췌장과 같은 여러 장기에 암이나 질병을 유발한다. 특히 여성 흡연자에게는 저체중아 출산이나 유산, 조산과 같은 심각한 건강 폐해를 주기 때문이다. 담배 연기로 인한 간접흡연도 장기간 노출되면 호흡기질환이나 폐암에 걸릴 수 있다는 점은 흡연이 얼마나 이기적 행위인지 알 수 있다.

추억 저장고 '우표'

누구나 한두 가지 수집을 안 해본 사람은 별로 없다. 그만큼 수집은 일상에서 오래전부터 삶 속에 자리 잡았다. 무엇인가를 모은다는 것은 즐거운 일이다. 수집 대상은 취향에 따라 다를 수 있다. 수집품은 주변에서 손쉽게 구할 수 있는 흔한 물건에서부터 때로는 귀한 것이 될 수도 있다. 그 종류와 가치는 다양하다.

수집의 시작은 대부분 어릴 때 우표나 동전을 모으는 것으로부터 출발하는 예가 많지만, 시간이 지나면서 관심과 취향에 따라 그 범위가 정해지고 폭이 넓어진다. 수집의 진정한 의미와 가치는 단순하게 수집품의 종류와 수량과 그 가치를 돈으로만 평가하기보다는 모으는 사람의 취향과 정체성을 함께 살펴야 한다.

수집을 시작하면 누구나 쉽게 포기하지 않고 지속하려는 중독성이 있다. 수집은 하루 이틀만 하는 것이 아니고 시작하면 오랜 기간 지속하기 때문에 그 과정에서 수집의 의미와 가치를 정립하면서 자신만의 진정한 기쁨과 만족을 찾으려고 한다.

어릴 때부터 모으기 시작한 취미가 있다. 초등학교 2학년 여름방학 숙제가 우표 모아오기였다. 그 시절에는 가족이나 친지가 멀리 떨어져 있으면 연락 수단은 긴급사항이 있을 때 전보를 보내는 것 이외에는 편지뿐이었다. 그러나 우리 가족은 모두 한집에 살고 있어 편지 쓸 일도 없고 받을 일도 별로 없었다.

여름방학이라 외할머니 댁에 갔다. 외사촌 형에게 숙제 이야기를 하자 모아 놓은 편지함을 가지고 왔다. 여러 종류의 우표를 봉투에서 떼어내고, 이웃에게 부탁하여 그럭저럭 숙제하기에는 충분한 양을 모았다. 모은 것을 가지런히 정리하여 방학 숙제를 완성하였다.

개학 날 숙제를 제출하였다. 며칠 후 교실 뒤편 게시판 중앙에 내가 수집한 우표가 한가운데 붙어 있었다. 담임선생님으로부터 잘하였다는 칭찬을 들었다. 그때부터 우표는 나의 취미이자 가장 친한 친구가 되었고 그 인연은 60여 년을 넘겨 지금도 계속되고 있다.

우표와 편지는 서로 떨어질 수 없는 연인과도 같은 사이다. 하지만 세월의 변화를 거스르지 못하고 이제 그 의미가 축소되었다.

예전에 길거리에서 많이 보았던 추억의 빨간 우체통이 거의 사라졌다.

디지털 시대가 되어 소식을 전하는 수단도 손으로 쓰는 편지가 아니라 이메일이나 메신저로 소통을 하다 보니 이제 우표가 설 자리마저 위태로운 지경에 이르렀다. 하지만 아직도 우표를 사랑하는 사람은 편지를 쓰고 봉투에는 예쁜 기념우표만 골라 붙여 정성껏 보내는 수고로움도 마다하지 않는다. 그것은 시대 흐름에 역행하려는 것이 아니라 오히려 잊혀 가는 그 시절의 추억과 낭만을 간직하려는 것이 아닐까.

요즈음 어린아이들은 시각적인 감각과 감성이 매우 뛰어나다. 유아도 생후 6개월 정도만 되면 벌써 휴대전화의 동영상이나 소리에 민감하게 반응하고, 유치원생이 되면 그 기능을 이해하고 혼자 다루기 시작한다. 이런 현실은 디지털 시대에 피할 수 없는 변화의 흐름이고 그것을 거슬러 갈 수는 없다. 하지만 디지털 문화라 하여 무조건 과거보다 좋고 그것이 모든 삶의 풍요로움을 주지는 않는다.

칠순을 넘긴 지금도 가끔 옛 우표첩을 뒤적이면서 우표와 얽힌 추억을 곱씹으며 과거를 회상한다. 비록 나이는 아날로그 시대 사람이지만, 디지털 시대에 뒤처지지 않으려고 컴퓨터 응용 공부도 하면서 두 시대를 오가는 삶을 즐긴다.

요즈음 젊은이가 가질 수 없는 아날로그 시대의 감성과 낭만을 가졌다. 그들이 즐기는 웹서핑과 쇼핑 등 다양한 정보도 웹에서 즐기면서 디지털 시대의 편리함도 즐긴다. 그리고 살아온 시간 속의 아름다운 경험과 추억을 되새김하여 디지털 공간에 토해낸다.

시간은 멈추지 않고 흐른다. 인간의 삶도 영원한 것이 아니다. 언젠가 떠날 때가 되면 종착지에 다다른다. 그 시간이 언제인지는 모른다. 하지만 남아 있는 시간 동안 젊었을 때 시간에 쫓겨 기억 속에 숨겨두었던 아름다운 추억과 에피소드를 일깨워 살아온 삶의 발자취를 거슬러 가는 시간 여행도 즐긴다.

학창 시절 지역 고등학교 취미 우표 동아리 모임을 이끈 적이 있다. 당시 우체국에서는 청소년의 우표 취미활동을 지원하기 위하여 기념우표 발행 전날 동아리가 주문한 우표를 하루 먼저 주었다. 그날은 각 학교 동아리 대표가 모여 주문한 우표를 찾아가고 회합도 하였다. 이틀 뒤 우체국에서 대표인 나에게 그 우표를 다시 모아 달라는 연락이 왔다. 그 우표는 인쇄가 잘못된 에러 우표여서 사용하기가 곤란했기 때문이었다.

1970년 9월 28일 당시 중앙아메리카 엘살바도르 공화국의 피델 산체스 에르난데스 대통령이 우리나라 국빈 방문을 축하하는 기념우표로 대통령의 이름 한 철자가 틀렸다. 이런 경우는 우표 발행 초기 기획단계에서부터 가장 기본적인 정보를 실수한 사례로 수치스러운 일이다. 우표를 발행하다 보면 여러 단계에서 에러가 발생할 수 있다. 이런 사례는 다른 나라에서도 가끔 일어난다.

에러 우표는 희귀성에 따라 그 가치를 달리하지만, 이 우표는 발행량이 많아 희귀성은 별로 없다. 그러나 분명 에러 우표였기에 수집가 손에 들어간 우표 대부분은 유통되지 않고 소장되었다. 우정본부는 틀린 글자를 수정하여 다시 인쇄한 후 에러 우표와 함께 사용하였다.

1855년 스웨덴에서 발행된 '3 스킬링'(Tres Killing: 화폐단위)짜리 우표는 청록색으로 인쇄하려고 하였으나 노란색으로 인쇄된 에러 우표다. 그 후 이 우표에는 'Tres Killing Yellow'라는 별칭이 붙여졌다. 현재 이 우표는 전 세계적으로 단 한 장 밖에 남아 있지 않아 그 가격이 무려 우리 돈으로 약 28억 원 이상의 가치를 가지고 있다. 이처럼 에러 우표는 희귀성에 따라 그 가치를 달리한다.

서재에는 60여 년 이상 모은 우표가 머무는 작은 공간이 있다. 이곳에는 나만의 수집 방법에 따라 정리된 우표첩과 수집 용품 그리고 보관용 서류함이 있고 그 옆 서가에는 수십 년 읽은 '월간 우표' 잡지가 가지런히 정리되어 있다. 솔직히 나 자신도 지금까지 얼마만큼 수집하였는지 정확한 종류와 숫자도 알지 못한다.

이 나라 저 나라를 여행하면서 우체국이나 우표상이 눈에 띄면 기념으로 우표를 수집한다. 주제와 연관되고 발행연도가 오래된 우표를 만나면 다소 가격이 비싸도 마치 도박꾼이 카지노에서 베팅하듯 구매한다. 이럴 땐 도박중독자가 된 듯한 느낌이 들지만 갖고 싶은 우표가 내 수중에 들어왔기에 온몸으로 카타르시스를 느낀다.

　이렇게 열심히 모은 우표도 언젠가는 '공수래공수거'가 될 것이지만 아직은 멈출 때가 아니라고 생각하기에 쉬지 않고 계속 모은다. 왜 그 집착에서 벗어나지 못할까를 자신에게 묻지만, 그 답을 구하지 못한다. 아마 집착인 것 같다.

　때때로 소장한 우표 속 도안 내용을 들여다보고 궁금한 것은 그 소재의 탄생과 소멸에 이르기까지 역사적 사실이나 기록을 찾고 자료에 빠져든다. 몽상 같지만, 그 시대 역사와 추억의 뒤안길을 뒤적이며 혼자 걷지만 외롭지는 않다. 왜냐하면 우표 속 그것들(episodes)과 함께하고 있기 때문이다.

　수집은 사라져버린 것을 소유할 수 있는 기쁨과 성취감을 이룰 수 있는 것도 큰 매력 중의 하나다. 수집의 기본은 항상 애착을 가져야 한다. 욕심을 버리고 조금씩 꾸준히 모으면서 돈으로 생각하기보다 그 속에서 자신만의 기쁨을 찾아야 한다. 따라서 수집품은 가치나 희소성을 떠나 모으는 과정에서 만족과 기쁨을 취할 수 있다면 그 무엇이라도 상관없다. 수집은 삶의 흔적과 추억을 저장할 수 있는 공간이다.

술지게미에 얽힌 일화

 몇 년 전 프랑스 남부 생장피에드포르를 출발하여 피레네산맥을 넘어 스페인 산티아고 데 콤포스텔라Santiago de Compostela까지 가는 성 야고보 순례 길을 걸었다. 한 달 넘게 거쳐 가는 마을마다 크고 작은 와인 숙성 시설과 저장고를 보았다. 우리나라에서 쌀이나 잡곡으로 빚는 막걸리와 달리 포도로 와인을 빚어 저장해 두고 마시는 것이 전통이다.
 그 지방은 일조량이 풍부하고 대서양에서 불어오는 해풍이 있어 많은 농지에서 포도를 재배하고 수확철에 넘쳐나는 포도를 저장할 수단으로 와인을 빚는 것이 그들의 문화다. 와인은 포도의 품종과 토질, 그해의 일조량, 그리고 숙성 과정과 보관 방법 등의 여러 변수에 따라 단맛과 신맛의 조화는 차이가 있어도 집마다 하우스 와인을 빚는 비결을 가지고 있다.

그들은 토굴土窟이나 석굴石窟에 있는 대형 오크통에 으깬 포도를 담아 숙성한 후 보틀링을 하여 저장하거나 아니면 정원의 서늘한 곳에 땅을 파고 큰 항아리에 담아 보관하기도 한다. 맛이 좋기로 입소문이 난 하우스 와인은 자체 상표를 붙여 주변 식당이나 대도시에 있는 판매 시설로 보내지기도 한다.

우리나라에서도 차례용 술이 상품화되기 전까지는 집안의 맏며느리가 명절 준비에 술을 빚는 것이 중요한 일과 중의 하나였던 시절도 있었다. 조선 시대 사대부 양반집에서는 집안마다 빚는 명주가 있었던 것이 전통이었으나 지금은 몇몇 종가宗家나 특정 지역에서 명맥을 유지하고 있다. 하지만 당시 넉넉지 못한 서민은 집에서 약주나 막걸리를 담가 명절 차례나 잔치에 사용하였다.

6.25 사변 후 집에서 술 담그는 것이 불법인 시절이 있었다. 당시 식량도 자급자족하지 못하여 보릿고개가 있었던 시절이었고 나라 살림살이도 넉넉하지 못하여 술과 담배에 부과하는 소비세가 주요 세원으로 꼽을 정도였다. 그렇다 보니 밀주는 법으로 금지하였고 단속반에 걸리기라도 하면 벌금을 내는 곤욕을 치렀다. 그런 가운데도 형편이 넉넉지 못한 집은 명절 때 밀주를 빚었고 당국에서는 이때를 기다려 밀주 빚는 집을 찾으려 이 마을 저 마을 단속하러 다녔다.

우리 마을에서 밀주를 만들다 단속원 사이에 있었던 일화가 있다. 추석 명절 차례를 지낸 후 집마다 어른들이 모여 모처럼 술을 마시고 있었다. 단속원이 집 안 구석구석을 살피며 밀주 항아리를 찾으려던 그때 이웃집의 한 젊은이가 지게에 항아리를 지고 쏜살같이 뒷산으로 올라갔다.

단속원은 소리를 지르며 뒤쫓았다. 한참 만에 따라잡았으나 항아리 속은 텅 비어 있었다. 코를 대고 냄새를 맡아도 술 냄새가 나지 않았다. 허탈감에 빠진 그들은 왜 항아리를 지고 산으로 가느냐고 다그치자 젊은이는 '산속 웅달샘에 물 길으러 간다'고 둘러댔다. 그 사이 집에선 밀주 항아리를 숨겼고 단속원의 허망해 하던 모습이 떠오른다.

집에서 술을 담가 거르고 나면 찌꺼기가 남는다. 어려웠던 그 시절, 그냥 버리기는 아까웠지만 재활용할 방법도 딱히 없었다. 소나 돼지를 키우는 집에서는 먹이로 주기도 하였고 가축을 키우지 않는 집에서는 퇴비로 사용하였다.

초등학교 저학년 때 설 차례를 드리고 사촌들과 제기차기와 자치기를 하며 놀다 지칠 즈음 헛간에서 누나가 '맛있는 거 먹을래' 하면서 불렀다. 술지게미에 설탕을 섞은 것이었다. 뛰어놀다 보니 배가 고팠는지 달콤한 맛 때문에 아무런 거부감 없이 덥석 몇 숟가락 받아먹었다.

얼마 지나지 않아 누나와 함께 겨울 추위도 아랑곳하지 않고 술에 취하여 잠이 들었다. 어머니가 저녁 준비를 위하여 누나를 부르는 소리에도 깊은 잠에 빠져 듣지 못하였다. 식구들이 집 안 구석구석을 찾다가 헛간에서 잠든 남매를 찾았다. 자초지종을 이야기하자 어른들은 '술 한번 잘 마셨네!' 하면서 박장대소하였던 술찌게미에 얽힌 일화다.

술의 역사와 유래에 대한 기록은 여러 고서에 기록이 있으나 전설적, 신화적인 내용이 많아 그 내용의 진위를 판단하기 어렵다. 하지만 사람이 사는 곳이면 어디서든 그곳에 맞는 토속주가 있고 그 술은 지방의 자연조건, 사용 재료에 따라 다양한 형태로 존재한다. 이런 술에 대한 기록은 사실 중심으로 잘 알려져 있다.

이처럼 술은 인간과 뗄 수 없을 정도로 깊은 연관이 있다. 구약 성서에도 노아 시대에 이미 포도주를 담근 기록이 있고, 그리스 신화에서도 술의 신 '디오니소스'가 효모를 이용하여 술을 빚는 방법을 배웠다는 이야기가 있으며, 로마 신화에서는 바쿠스가 처음으로 만들었다고 전한다.

옛 문헌에 있는 전설과 신화 내용을 살펴보면, 인류보다 원숭이나 동물이 먼저 술을 마셨다고 한다. 과일나무 밑에 있는 바위틈이나 웅덩이에 무르익은 과일이 떨어져 쌓이고 문드러진 과즙이 고여 자연 발효 과정을 거쳐 술이 빚어졌다. 동물은 지나다니다가 목을 축이느라 웅덩이에 고인 술을 마시게 되었다. 가끔 아프리카 밀림에서 코끼리나 멧돼지와 같은 동물이 웅덩이에 고인 술을 먹고 휘청거리거나 뒹구는 모습이 발견되기도 한다.

  술은 인간과 깊은 인연을 가지고 있고, 그로 인한 건강피해가 심각한 것도 사실이다. 해마다 술 소비량이 증가하는 통계를 볼 때 음주에 대한 인식을 새롭게 가져야 할 시점에 있다. 특히 여성과 청소년의 음주 풍조는 사회 문제로 대두하고 있다.

  최근 들어 보건 당국은 소주와 맥주에 건강증진부담금을 도입하는 문제와 관련해 "술도 담배처럼 국민 건강에 피해를 주는 만큼 술에도 부과하는 방안을 서둘러 논의할 필요가 있다."라고 주장한다. 이와 같은 주장은 술 소비량의 증가와 그로 인한 건강피해가 날로 커지고 있다는 것을 의미한다.

첫 외출

　군 복무를 한 남자라면 누구나 병영생활에 얽힌 추억 한두 가지 쯤은 가지고 있다. 1972년 1월 초 입대하여 기초 군사훈련과 병과 교육을 마치고 강원도 내설악에 있는 부대로 4월 초에 배치되었다. 울타리 안에 갇혀 바깥세상에 나가보지 못한 지 몇 달 만에 병영에서 벗어날 수 있는 외출 명령이 났다. 당시 신병이 첫 외출을 나갈 때는 위수지역 사정을 잘 알지 못하고 탈영을 예방하기 위하여 선임 병사를 포함하여 몇 명이 조를 지어 외출하였다.
　조장인 선임 병사는 책 읽기를 좋아하였다. 내무반에서 쉴 때도 그의 손에는 항상 책이 들려 있었다. 그래서인지 외출 가기 전에 책이나 편지 쓸 준비를 하라고 하였다. 그날도 그는 오거스틴의《참회록》을 들고 있었다. 당직사관에게 외출 신고를 하고 부대 밖으로 나왔다. 산골에 있는 부대라 울타리를 벗어난들 도회지에 있는 부대와 달리 딱히 갈 곳이 없었다. 선임 병사는 어디로 갈 것인지 알려주지도 않고 깊은 산길을 마냥 걸어갔다. 조원도 무작정 따라갔다.

한 시간 넘게 계곡 길을 따라 발길 닿는 대로 느릿느릿 산속을 걸었다. 내설악의 오월 하순은 신록의 계절답게 산천초목이 긴 겨울잠에서 깨어나 초록의 실루엣 물결을 이루었다. 계곡에는 바위에 부딪히며 흐르는 물소리가 새소리와 어우러져 자연의 오케스트라 연주 같았다. 주변에는 이름 모르는 야생화가 저마다 아름다운 자태를 자랑이나 하듯 너도나도 꽃향기를 바람에 실어 날랐다. 숲속에선 다람쥐가 나무타기 군무群舞를 펼치며 반겨주었다.

억눌린 젊은 혈기가 군율軍律에서 벗어나 일탈逸脫을 기다렸다는 듯이 옷깃을 풀어헤치고 산짐승이 놀랄 만큼 큰 소리로 떠들며 산길을 걸었다. 싱그러운 봄의 숲은 젊은이들이 지르는 소리에 놀라거나 탓하지 않았다. 오히려 숲은 연인을 가슴에 품듯 젊은이의 첫 외출을 반겼다.

지금은 없으나 아주 오래전에는 가진 것 없고 농사지을 땅이 없는 가난한 사람들이 깊은 산으로 들어가 화전火田을 일구어 살고 있었다. 화전이 발생한 시기나 유래는 확실하지 않지만, 조선 효종 때 산지 개간을 인정한 기록이 있다. 영조 때도 화전을 육등전

六等田이라 해서 최하급의 세금을 부과한 기록이 있는 것으로 보아 화전의 역사는 꽤 오래된 듯하다.

화전은 주로 태백산맥을 중심으로 영서 내륙에 분포했다. 병영 생활을 한 인제 지역에는 깊은 산골마다 있었다. 제대할 무렵인 1974년에 이미 삼척군 도계읍 신리 화전마을이 민속자료보호구로 지정되었다.

화전을 일구어 살아가는 사람은 산속에 있는 재료로 집을 지었다. 굵은 나무를 이용하여 집의 형태를 세운 다음 흙을 짓이겨 돌과 함께 쌓았다. 지붕은 강원도 산골 전통에 따라 너와(지붕일 때, 기와처럼 쓰는 얇은 돌 조각이나 나뭇조각)로 마감하였다. 너와가 산바람에 날아가지 않게 하려고 계곡에 너부러져 있는 냇돌을 가져다 군데군데 올려놓았다. 도회지에서 볼 수 없는 색다른 모습은 소박한 산속 정감을 느끼기에 충분하였다. 집은 초라하여도 방 한 두 칸에 부엌과 작은 마루가 있었다. 마당 한구석에는 뒷간과 헛간도 있었다.

화전민은 비교적 경사가 완만한 동남향의 산비탈을 개간하여 밭을 일구었다. 농사를 지으면서도 한적할 때에는 이산 저산 구석구석 돌아다니며 약초를 캤다. 캔 약초는 말리고 손질하여 오일장에 내다 쌀이나 밀가루로 바꾸었다. 밭농사와 함께 약초를 캐는 일은 중요한 생계수단이었다. 괭이만으로 일군 텃밭에는 감자와 옥수수를 심어 주식主食으로 먹었다. 지천으로 널려있는 도토리나 고사리 같은 산나물도 그들이 살아가는 데 소중한 식자재와 소득원이 되었다.

군 복무 시절 일요일 점심은 라면을 끓여 주었다. 부대장의 배려로 외출을 나가는 병사에게는 민폐를 끼치지 말라며 점심때 각자가 먹을 라면 2개씩 현물로 주었다. 받은 라면과 동전 몇 닢을 얹어 주면 약간의 쌀과 강냉이, 감자를 썰어 넣어 지은 산골 밥과 강냉이로 빚은 술을 마실 수 있었다. 그때 산속 화전민에게 군용 라면은 매우 인기가 있었다.

입대 전 친구들과 환송 자리에서 술을 마신 후 다섯 달 만에 마시게 된 강냉이 술, 첫 잔을 단숨에 들이켰다. 선임 병사가 "모처럼 술 마시니 기분이 어떠니?" 하면서 빈 잔에 다시 따라주어 몇 잔을 연거푸 받아 마셨다. 산나물 무침과 아침에 쑤어 계곡물에 담가 두었던 쫄깃한 도토리묵을 안주 삼으니 진수성찬이 따로 없었다.

식사를 마치고 함께 외출한 네 명이 툇마루에 엎드려 책을 읽거나 편지를 쓰다가 술에 취해 누가 먼저라고 할 것도 없이 모두 잠들었다. 잠결에 누군가 "귀대 시간 늦었다."라고 외치는 소리에 잠에서 깼다. 산속으로 걸어 들어온 시간을 돌이켜 볼 때 귀대 시간까지 부대로 돌아갈 수 없었다. 뛰다가 걷기를 반복하면서 발걸음을 재촉하였으나 한 시간이나 늦었다. 위병소에는 초조한 모습으로 내무반장이 우리 조원을 기다리고 있었다.

당직사령으로부터 심한 꾸지람과 함께 완전군장으로 연병장 스무 바퀴를 뛰라는 명령이 하달되었다. 연병장이 축구장 두 개보다 넓고 둘레가 육백 미터쯤 되었다. 아무리 건장한 청년이라도 완전 군장으로 뛴다는 것은 쉽지 않았다. 더구나 외출에서 늦게 귀대한 조원만 뛴다면 그래도 괜찮을 터인데 교육을 잘못시켰다며 내무반장도 함께 뛰어 더 큰 부담이 되었다.

저녁 식사 시간이 지나 귀대하였기 때문에 저녁밥도 먹지 못하였다. 연병장 몇 바퀴를 뛰다 보니 배도 고프고 다리에 힘도 빠져 고통스러웠다. 자연스레 뛰는 속도가 느려지자 내무반장이 큰 소리로 "요령 피우지 말고 구령에 맞춰."라는 불 같은 호령이 떨어졌다.

열 바퀴 정도 뛰어 기진맥진할 즈음 당직사관이 연병장으로 내려와 구보를 중지시켰다. "식당에 식사가 준비되어 있다. 군장 정리하고 밥 먹어라. 다음 외출 때에는 반드시 귀대 시간을 지켜야 한다는 것을 명심하라."는 엄명이 떨어졌다. 이 사건으로 얼마 동안 외출과 외박이 금지되었다. 불침번과 외곽경계 보초도 심야에 배정되었다. 자업자득의 결과를 온몸으로 묵묵히 받아들일 수밖에 없었다.

살면 살수록 수많은 추억이 쌓인다. 그러나 추억은 모두 기억되는 것이 아니다. 반복되는 일상에서 특별하지 않은 것은 나도 몰래 기억에서 사라진다. 때로는 생각이 떠오르지 않아 안타까울 때도 있지만, 기억하기 싫은 것이 잊히지 않아 괴로울 때도 있다. 이처럼 마음대로 선별하여 기억하거나 싫은 것을 지우지 못하는 것도 스스로 할 수 있는 영역 밖이다. 그렇지만 때로는 그 순간 힘들었어도 잊기 싫은 추억도 있다.

군 복무 중 첫 외출에서 맛본 걸쭉한 강냉이 술맛은 45년이 지난 지금도 술자리에 가면 가끔 그 맛이 그립다. 완전군장 차림의 구보도 그 순간은 힘들었다. 하지만 되돌아보면 젊은 시절 지워지지 않는 아름다운 추억이 되었다. 그날 선임 병사가 외출 때 들고 간 오거스틴의 《참회록》은 전역하면서 나에게 주었다. 1967년에 발행되어 50여 년의 세월이 지나다 보니 누렇게 색이 바랬다. 그 책은 첫 외출의 추억이 담긴 징표로 내 서가에 꽂혀 있다.

아드린느를 위한 발라드

　음악은 동서고금을 통하여 인류 역사에서 빠진 적이 없을 만큼 태초부터 인간과 함께하였다. 특히 여러 예술 분야에서 음악은 인간의 감정에 바탕을 두고 호흡하며 이어져 온 예술이다. 조형 미술처럼 입체적 환영을 표출하는 것도 아니고 문학처럼 현상적 관념을 표현하는 것도 아니다. 음악은 어떤 매개도 없이 오로지 음률로 인간의 마음에 직소하여 감응하는 예술이다. 음악은 인간의 일상과 함께 호흡하며 오로지 리듬과 멜로디 그리고 하모니로 느낀다.
　첫 아이가 걸음걸이를 한 지 얼마 되지 않아 기저귀를 하고 뒤뚱뒤뚱 걷는 뒷모습이 마치 아기 코끼리가 엄마 코끼리 뒤를 따라 걷는 모습을 닮았다. 어느 날 아이와 함께 맨시니Mancini의 〈아기 코끼리의 걸음마〉Baby Elephant Walk를 들었다. 이때 아이가 깔깔거리며 몇 발짝 걷는 뒷모습을 보고 식구들이 아이가 내딛는 발걸음에 맞춰 손뼉을 쳤다. 앉은 자리에서 조심스럽게 일어섰다 다시 그 자리에 앉기만 하다가 음악이 흘러나오자 자신도 모르게 일어나 처음 내디딘 큰 사건이었다. 직립 인간으로서의 첫걸음이었다.

휴일 오전 아내가 외출하면서 "조금 있다가 우유를 주면 잠잘 시간이니 아이를 잘 돌보세요." 하며 집을 나섰다. 모처럼 아비로서 아이와 단둘이 함께할 수 있는 행복한 시간이었다. 그러나 그 기대도 한순간 아내가 집을 나서자 기다렸다는 듯이 엄마를 찾았다. 칭얼거림을 멈추게 하려고 며칠 전 아이가 좋아했던 아기 코끼리의 걸음마를 들려주었다. 지난번과 달리 아이는 음악에 반응하지 않고 계속 보채기를 하였다. 어쩔 수 없이 우유병을 입에 물리고 얼레며 달래도 보았으나 허사였다.

전축을 끄고 FM 라디오를 켰다. 이곳저곳 채널을 돌리다 처음 들어보는 음악이 흘러나오는 곳에 채널을 고정하였다. 감미로운 피아노 연주곡으로 마치 최면에 걸린 듯 아이를 가슴에 감싸 안으며 조용히 들었다. 아이도 보채기를 멈췄다. 아이가 칭얼거리는 것은 잠투정이었을 수도 있지만, 신기하게도 아이는 연주가 끝나기도 전에 스르르 잠이 들었다. 오비이락烏飛梨落이라 할까, 아이와 함께 나도 감미로운 피아노 연주곡에 취했다.

며칠 후 퇴근길 버스 정류장 부근에서 엊그제 들었던 그 피아노 연주곡이 음반 가게 스피커에서 흘러나왔다. 나도 모르게 발걸음이 그곳으로 향했다. 순백색 원피스를 입은 중년의 여주인과 반갑게 인사하면서 "지금 스피커로 흘러나오는 곡명이 무엇이냐?"고 물었다. 그녀는 마치 기다렸다는 듯이 음악 평론가처럼 자세히 알려주었다. 마치 보물찾기에서 보물을 찾은 듯 기쁜 마음으로 음반을 샀다.

퇴근길 사람들이 꽉 찬 전철 안에서 혹여나 음반이 깨지지나 않을까 조심하며 집에 왔다. 턴테이블에 반복 기능을 설정하여 아이와 함께 몇 차례 들었다. 연주곡을 듣는 내내 아이는 차분하게 반응하며 느끼는 듯했다. 그 후로도 아이가 잠자기 전 칭얼거릴 때 들려주면 신기하게도 보채기를 덜 하며 잠이 들곤 하였다.

유아는 뱃속에서부터 엄마의 목소리, 숨소리, 혈관을 타고 흐르는 생명의 소리를 서로 다른 음역으로 느낀다. 태내에서부터 경험한 소리에 대한 반응은 리듬과 멜로디를 구별하는 능력을 형성하는데 기초가 된다. 그리고 소리에 대한 감별 능력은 유아기에 이르러 빠르게 발달한다.

이 시기는 심미적으로 음악에 대한 감수성도 형성되는 매우 중요한 때다. 소리에 민감하게 반응하고 호기심이 왕성하게 표출되며 스스로 음악을 학습하려는 자세가 이루어진다. 이때 상상력을 자극하고 듣기 활동을 통하여 화성감을 일깨우기 위해서는 음악이나 책 낭송이 좋다.

그날 FM 라디오에서 흘러나와 아이와 함께 들었던 피아노 연주곡이 바로 〈아드린느를 위한 발라드〉Ballade Pour Adeline였다. 얼마 전 매스컴에서 한국인이 가장 좋아하는 연주곡으로도 뽑혔다. 1977년 당시 혜성같이 나타나 이 곡을 처음 연주하여 전 세계 많은 음악 애호가의 마음을 사로잡은 연주자는 '피아노의 시인'이라 불리는 프랑스 청년 팝 아티스트인 리처드 클레이더만Richard Clayderman이다. 작곡자 폴 드 센느빌Paul de Senneville은 딸 아드린느의 출생을 축하하고 기념하기 위하여 이 곡을 만들었다고 한다.

클레이더만은 원래 클래식 피아니스트로 출발하였지만, 이 곡을 발표한 1977년부터 세미클래식과 현대음악 연주자로 방향을 전환하여 지금도 인기가 여전하다. 그를 두고 독일 언론에서는 베토벤 이후 피아노를 대중화시키는 데 공로를 세운 예술가라고 극찬하였다.

그가 연주하는 로맨틱 음악은 인기와 함께 음악성도 인정받아 경이적인 연주자에게 주는 골든디스크를 여러 차례 받는 기록을 세웠다. 클레이더만은 이 곡뿐만 아니라 우리 귀에 익숙한 〈야생화〉, 〈가을의 속삭임〉, 〈어머니께 보내는 편지〉 등을 히트시켰다. 지금도 고즈넉한 카페에 가면 그가 연주한 곡들을 들을 수 있다.

몇 년 전 텔레비전에서 클레이더만이 일본의 원전 사고 피해자를 위로하기 위한 공연 모습을 보았다. 감미로운 피아노 선율과 애드리브ad-lib한 연주 모습이 여전히 멋졌다. 그 역시 세월의 흐름을 피할 수 없듯 중후한 중년으로 변모하였으나 연주에서는 더욱 완숙함을 느낄 수 있었다.

공연 끝 무렵 청중이 환호하며 앙코르를 청했다. 마지막 앙코르는 자신의 대표곡이라 할 수 있는 〈아드린느를 위한 발라드〉였다. 연주가 끝나자 청중들이 자리에서 일어나 손뼉을 치며 환호하는 모습을 볼 때 명연주자의 명곡임을 다시 확인하였다.

나는 여러 음악 장르 중에서도 문학의 자유스러운 형식의 소서사시나 담시 같은 형식의 음악인 발라드풍의 피아노 연주곡이 좋다. 쇼팽, 브람스, 포레의 클래식 발라드 소품도 좋지만 센티멘털한 사랑의 노래와 대중적인 멜로디를 살리면서 애드리브 풍의 즉흥연주가 더 가슴에 와 닿는다. 연주자 중에서도 클레이더만의 연주곡을 좋아한다. 그의 연주는 모두 좋아한다. 지금도 아이와 추억이 깃든 아드린느를 위한 발라드를 들으면, 그때 뒤뚱거리며 걷는 아이의 첫걸음마가 떠오른다.

'오 원'짜리 동전의 추억

얼마 전 약속 시각에 쫓겨 골목길 후미진 곳에 주차한 적이 있었다. 바삐 차에서 내려서는데 발치 아래 동전 같은 물체가 눈에 띄었다. 표면에는 무엇이 잔뜩 묻어 있어 형체를 알아볼 수 없었다. 약속을 마치고 자동차 열쇠로 표면에 묻은 아스콘 찌꺼기를 대충 떼내고 보니 '오 원'이라는 글자만 희미하게 보였다. 그냥 버리고 갈 수도 있었으나 휴지에 싸서 집으로 가져왔다.

사랑에 응답받지 못한 연緣처럼 길에 떨어져 오랫동안 누구의 관심도 끌지 못했지만, 그 순간 나에게 선택받았다. 표면에 붙어 있는 흙먼지는 물로 씻었으나 딱딱하게 붙어있는 아스콘 같은 이물질은 물로 제거할 수 없었다. 지용제에 얼마간 담가 두었다가

표면에 손상이 가지 않게 조심스럽게 닦고 보니 작은 글자를 알아볼 수 있었다. 1966년도에 한국은행에서 주조된 동전이었다.

발행연도를 확인하는 순간 가슴이 뛰었다. 1962년 6월 화폐단위 '환'을 '원'으로 바꿀 당시 고액권과 같이 일 원과 오 원도 지폐로 발행되었다. 지금보다 화폐용 종이 제작 기술이 부족하였던 그 시절, 고액권과 비교하면 상대적으로 사용 빈도가 높았던 일 원과 오 원짜리 지폐는 쉽게 손상되어 유통 기간이 짧았다.

한국은행은 1966년에 일 원, 오 원, 십 원권 화폐를 동전으로 처음 제작하여 지폐와 혼용하던 첫해에 발행된 주화였다. 오래된 것의 가치보다 소장하게 된 기쁨이 더 컸다. 지금은 오 원짜리 동전이 상용 화폐의 기능은 없어졌지만, 물가가 지금보다 싸고, 경제 규모가 크지 않았던 당시에는 충분한 값어치가 있었다.

그 시절 일주일에 서너 차례 구두 닦는 것이 아침 일과였다. 아버지는 출근할 때 구두가 반짝거리면 "잘 닦았다"며 이쪽저쪽 주머니를 뒤적이다 거북선이 새겨진 오 원짜리 동전 한 닢을 주었다. 이렇게 한 닢 두 닢 모여진 동전은 요긴하게 쓰였다.

오전 두 시간 수업이 끝나면 점심 도시락을 먹기 전, 가장 배고픈 시간이다. 오 원이면 학교 구내 가게에서 곰보빵을 사서 먹거나, 체육 시간을 마치고 목이 마를 때 사이다로 목을 축일 수 있는 값어치가 되었다. 요즈음 청소년이 이 이야기를 들으면 무슨 굶주린 호랑이가 풀 뜯어먹는 소리냐고 이해하기 어려울 것이다.

어느 날 저녁 어머니가 저녁 준비를 하다가 반찬거리를 사러 가야 하는데 수중에 돈이 없다고 하였다. 당시 가족들이 나를 두고 한국은행이라거나, 한강 물은 말라도 내 주머니에 돈은 마르지 않는다고 하였다. 그날도 어머니가 돈이 없다고 나에게 하신 것은 아버지로부터 받은 동전이 있다는 것을 알고 계셨기 때문이다.

책상 서랍 구석에 숨겨둔 동전 몇 닢을 드렸다. 어머니는 골목길 모퉁이에 있는 조그만 구멍가게에서 콩나물과 두부를 사 왔다. 얼큰한 무침을 좋아하는 나를 위하여 고춧가루, 다진 마늘, 참기름으로 버무려 매콤하면서도 고소한 콩나물무침과 두부조림으로 소박한 저녁상을 차렸다.

오 원짜리 동전은 지금도 사용할 수 있지만 통용되지 않는다. 상품이나 서비스 가격이 크게 올라 오래전부터 이미 화폐의 실용적 가치를 상실하였다. 그렇지만 오 원짜리 동전이 처음 발행할 당시에는 일상에서 유용하게 사용할 수 있는 화폐였다.

원자재 가격이 오르자 시세 차익을 노려 2006년 이전에 발행된 십 원짜리 동전(구리 65%, 아연 35%)을 슈퍼마켓과 은행에서 지폐와 교환한 후 구리와 아연 덩어리로 만들어 판매한 사건이 발생하였다는 텔레비전 보도를 보았다. 내 귀에서는 "제발 살려주세요. 용광로에 저를 녹이지 마세요. 당신 눈에는 제가 돈이 아니라 구리 덩어리로 보일지라도 저를 소중히 여기는 사람들도 있어요." 하고 외치는 소리가 들렸다. 동전의 의미 있는 가치를 모르고 눈앞의 이익을 좇는 이 소식은 수집가들을 슬프게 하였다.

요즈음 십 원짜리 동전이 길거리에 떨어져 있어도 줍지 않는다. 어쩌다가 거스름돈으로 동전을 받아 주머니에 넣으려다 떨어지면 시간이 바쁠 땐 줍기보다 버리고 간다. 화폐 기능을 상실한 일 원과 오 원짜리 동전은 한국은행에서 이미 1992년부터 상용을 위한 동전은 만들지 않고 보관용으로만 소량 만든다고 한다.

또한 제작에 들어가는 원가에 비하여 일상에서 사용되는 활용가치가 낮다 보니 동전 없는 사회를 구현하기 위하여 각종 티머니 t-money나 포인트로 적립하는 등 다양한 사업을 시행하고 있다. 머지않은 장래에 동전이 사라지면 얽힌 추억도 함께 사라지지 않을까. 그러나 지금 사용하는 동전이 발행된 지 50여 년이 지났고 수집가들은 사라져 가는 발행 첫해의 동전을 찾는다.

누구에게도 관심을 받지 못하고 후미진 곳 흙바닥에서 이리저리 뒹굴던 '오 원'짜리 동전을 찾은 행운은 나에게 기쁨과 함께 아름다운 추억을 떠올리게 하였다. 발행 첫해의 동전을 갖게 된 기쁨과 가치보다 어린 시절 아버지가 출근할 때 동전을 주면서 "그래, 다녀올게!" 하며 환히 웃으시던 모습과 얼큰한 콩나물무침으로 저녁상을 차려낸 어머니의 손맛이 그립다.

전원 생활을 꿈꾸며

　체력의 한계는 어디까지일까. 연령대별로 체력의 한계는 있다. 어릴 때 학교에서 체력검사를 하기 위하여 달리기, 팔굽혀 펴기, 철봉에 오래 매달려 있기, 턱걸이, 모래주머니 들고 달리기 등 다양한 방법으로 체력검사를 하였다. 입대 신체검사에서도 비슷한 검사를 한 기억이 있다.

　인간의 체력은 청년기를 정점으로 나이가 들수록 감소한다. 하지만 근육세포는 인체 다른 세포와 달리 근육운동과 질 좋은 단백질 섭취량에 따라 근섬유의 밀도가 증가할 수 있다는 것이 의학적 정설이다.

　근력을 키우기 위한 운동을 하다 보면 한 가닥의 신경섬유와 수

십 가닥의 근섬유 집단이 활동하는 횟수가 증가하면 굵기가 커진다. 그리고 근육이 굵어지면 근섬유의 횡단면적도 증가하여 근력이 향상한다.

나이가 들어서도 근육의 밀도를 키우기 위해서는 지속적인 근육 운동과 단백질 공급이 중요하다. 운동으로 근섬유가 굵어지고 유산소 운동으로 체지방을 태워 제거하면 순수한 근육 단백질만을 가지게 되어 근육 밀도가 증가한다.

칠순에 전원을 꿈꾸며 산골에 조그만 주택을 지으려고 땅을 매입하였다. 설계를 마치고 두려움 없이 시작하였지만, 과정마다 건축주로서 현장에서 직접 결정해야 할 일과 손수 해야 할 일이 생각보다 많아 쉽지 않았다. 가족과 친구들이 건강을 생각하여 쉬엄쉬엄하라고 충고하였으나 공사 중에는 쉬면서 할 일을 건너뛰거나 적당히 할 수도 없고 결정을 뒤로 미룰 수도 없었다.

경제활동을 하는 동안 관리하는 일을 하고 대학에서 강의는 하였지만, 노동에 가까운 일을 휴일 없이 한 경우는 난생처음이다. 그렇다 보니 시작 초기에는 그럭저럭 집착처럼 버티며 하루하루 넘겼으나 시간이 지나자 체력이 바닥나고 피로가 누적되자 밤마다 신음하는 일상이 이어졌다.

입춘이 지나고 2월 중순에 공사를 시작하였다. 동장군이 떠나기 싫어서인지 아침에 장작불을 지펴 손발을 녹이지 않고서는 일을 시작할 수 없었다. 추위가 몸놀림을 힘들게 하는 일상이 연일 계속되었다. 폐가 수준의 오래된 고옥古屋을 허물고 터 고르기와 석축 쌓기 등 토목공사를 마치고 3월 초순에 집짓기 공사를 본격적으로 시작하였다.

예기치 못한 일이 겹치면서 공기는 엿가락처럼 늘어졌고 장마 전에 마무리하려는 일정에 차질을 빚을까 마음만 조급하였다. 4개월 이상 공사를 진행하다 보니 그사이 몸살도 앓고 감기도 몇 차례 걸렸으며 하루하루 쌓인 피로를 풀지 못하자 몸과 마음이 지쳐갔다.

원해서 시작한 일이라 누구에게 원망할 수도 없었고, 스스로 해결하려는 책임감 때문에 고갈된 체력에도 불구하고 마치 '마른 우물에서 물을 긷는 심정'으로 온 힘을 다하여 집짓기에 집중하였다. 비록 몸은 지쳤어도 이른 봄날 이웃 아낙들이 양지바른 곳에서 뜯어온 냉이와 쑥, 달래와 머위 등 봄나물 상차림에서 손맛과 더불어 싱그러운 봄의 향기를 즐겼다.

도시에서 좀처럼 볼 수 없는 별들의 유희를 밤마다 즐기는 호사도 누렸고, 이른 새벽 잠자리에서는 피곤함도 뒤로하고 산새들의 해맑은 소리에 자리를 털고 일어났다. 자연과 소통하고 느끼는 이 기쁨을 만끽하고자 산속에 집을 짓는 것이 아닐까 하는 생각에 기쁜 마음으로 하루하루를 시작하였다.

기초공사를 마쳤을 때는 막연히 뇌리에 그리고 있는 집의 형체가 스쳐 갔지만, 골조 공사를 마치자 집의 외관과 형체 그리고 내부 구조를 눈으로 볼 수 있어 마치 집을 다 지은 것 같은 느낌이 들었다. 그러나 이제부터 본격적으로 여러 공정이 분야별로 투입되는 시기가 도래한 것이다.

한 달도 되지 않아 집의 골조가 완성되자 곧 집이 준공될 것에 대한 기대가 부풀었다. 하지만 '공사는 지금부터 시작'이라는 대목수의 말을 듣고 처음에는 믿어지지 않았다. 그 후 석 달 정도가 지나 집이 완성되는 과정을 지켜보니 그의 말이 참이었다.

흰 눈 덮인 산을 바라보면서 밤사이 얼어붙은 살얼음을 밟을 때 바삭거리는 소리가 귓전에 들리는 이른 아침. 폐목으로 불을 지펴 손을 녹이면서 공사를 시작하여 양지바른 곳에 새싹 움트는 기운이 산천을 감돌 때 기초와 골조 공사를 마쳤다.

울창한 뒷산의 낙엽송이 겨우내 발가벗은 온몸을 가리려고 짙은 초록의 새싹을 틔우고 고향 갔던 뻐꾸기가 돌아와 쉬지 않고 짝을 찾으려 애달피 울부짖는 소리가 산속의 적막을 깰 때 외·내부 벽체 공사가 끝났다.

어느덧 백두대간 주변의 온 산이 검푸른 초록으로 옷을 갈아입을 준비를 끝내자 지중해식 적황색 기와로 지붕을 덮었다. 야생화가 산을 물들이는 봄을 거쳐 아카시아 꽃향기가 산천을 뒤덮고 벌들이 머리 위로 윙윙 날아다니며 꿀 따는 시기인 초여름에 창문을 달았다.

그리고 바닥에 난방 호스와 마루 깔기 등 내부 공정을 진행하여 장마가 찾아오기 직전에 공사를 마무리하면서 안도의 한숨을 쉬었다. 비 내리는 날씨가 공정에 별다른 영향을 미치지 않게 되어 실내 전등과 주방 기구를 설치하자 누구보다 아내가 좋아하였다.

 집짓기가 마무리되어 기쁨도 찾아왔지만, 피곤과 허탈감도 스쳐 갔다. 마치 마라톤 선수가 완주하고 땅바닥에 덥석 주저앉아 온몸의 피로감과 완주의 기쁨이 뒤섞인 순간처럼. 설계와 인허가, 토목공사에서 완공까지 반년이 걸렸다. 앞으로 집 지을 기회도 없겠지만 다시는 짓고 싶지 않다. 손수 집짓기를 한 학습의 효과로 얻은 결론이다.

 칠십 평생 주택에서 살았고 아파트에서 생활한 기간이 채 일 년도 되지 않는 나에게 산속 전원주택 짓기는 어찌 보면 염원이었는지도 모른다. 반백 년을 산 단독주택을 처분하고 잠시 아파트에서 기거하였지만, 그곳은 건강상 머물 공간이 되지 못하였다. 여러 가지 이유가 얽혀 자연과 어우러진 전원생활이 앞으로 남은 생을 영위할 공간이라는 것을 스스로 결정하였다. 여기까지 오는 과정이 쉽지 않았고 가까스로 가족의 동의를 얻어 뜻을 이루었다.

 집 짓는 동안 체력의 한계는 무수히 느꼈지만 스스로 극복하였고 그 과정에서는 역으로 건강한 체력을 갖게 되었다. 온몸에 쌓여 있던 체지방이 모두 사라져 허리둘레가 3인치 이상 줄면서 체중이 6~7kg 줄었다. 근력 또한 좋아져 전에는 20kg 쌀 포대 들기가 쉽지 않았으나 지금은 시멘트 한 포를 들 수 있는 팔과 복부의 근육 밀도가 증가하였으며 무거운 것을 들고 버틸 수 있는 하체 근육이 좋아진 것도 느낀다.

그동안 알레르기 천식으로 도시의 오염된 공기와 미세먼지 때문에 밤잠을 이루지 못하는 날이 수없이 많았다. 해발 520m 산속에서는 전국을 뒤덮은 미세먼지가 출현한 몇 날을 제외하고는 경구용 흡입제를 사용하지 않아도 될 만큼 자연의 은혜를 누리게 되었다.

이제 도시의 둔탁한 기계음의 숨 막히는 소리에서 벗어나 새 소리 바람 소리 계곡물 소리가 어우러지는 자연에서 스스로 만들어 가는 삶을 살고자 한다. 육십에 전원으로 들어가 칠십이면 도시로 회귀한다는 말로 친구들이 염려하지만 앞으로 삶은 용기를 가지고 스스로 나아가고자 한다.

장 앙리 파브르는 85세에 《파브르 곤충기》를 완성하였고 스포르차 성城 미술관에 있는 《론다니니의 피에타》를 조각한 미켈란젤로는 90세가 된 마지막 순간까지 하던 일을 멈추지 않음으로써 불후의 명작을 남겼다. 100세 시대가 찾아온 지금 나이를 생각하기보다는 용기가 필요하고 누군가의 도움을 받으려고 하기보다는 스스로 결행하고자 하는 의지가 있어야 한다. 그리고 그 의지를 실천하는 삶은 행복하다.

음악은 동서고금을 통하여 인류 역사에서 빠진 적이 없을 만큼 태초부터 인간과 함께하였다. 특히 여러 예술 분야에서 음악은 인간의 감정에 바탕을 두고 호흡하며 이어져 온 예술이다. 조형미술처럼 입체적 환영을 표출하는 것도 아니고 문학처럼 현상적 관념을 표현하는 것도 아니다. 음악은 어떤 매개도 없이 오로지 음률로 인간의 마음에 직소하여 감응하는 예술이다. 음악은 인간의 일상과 함께 호흡하며 오로지 리듬과 멜로디 그리고 하모니로 느낀다.

- 〈아드린느를 위한 발라드〉 중에서

II. 마음의 여백

강가에 있는 돌 모양이 제각기 다르듯 세상에 똑같은 인간은 없다. 일란성 쌍둥이도 생김새는 비슷하나 성격과 생각이 다르고 소질과 재능도 다르다. 이렇듯 다양한 인간이 조화롭게 살아갈 수 있는 사회는 탐욕을 채우기 위해 편 가르지 말고 나와 다름이 존중되어야 한다.

— 〈돌 예찬〉 중에서

글쓰기의 길

 글쓰기의 길에 접어들면서 '문학이란 무엇인가?'라는 명제를 이해하고자 몇 권의 책을 읽었다. 《문학의 이해》에서 김종회 등은 "문학의 내용은 삶이다. 작가는 삶의 여러 측면을 자신만의 시각으로 바라보고 상상력을 통하여 재구성한다."라고 하였다. 또한 "작가는 장르를 선택하여 언어로 다양한 문학적 기법을 동원하여 형상화한다."라고도 하였다. 따라서 "작가가 삶의 어떤 측면을 중시하고 어떤 예술관을 갖느냐에 따라 문학에 대한 정의 역시 달라질 수 있다."고 하였다.
 웰렉과 워런의 《문학의 이론》에서는 "인쇄된 모든 것과 위대한 저서들 그리고 문학을 문학예술에만 국한할 때 '문학'이란 용어는 가장 적절한 것처럼 보인다."라고 하였다. 즉 언어의 문학적 용도, 과학적 용도, 일상적 용도 사이의 구분을 통하여 문학의 정의를 내리고 있다. 이렇게 문학을 딱히 '이것이다' 하며 쉽게 정의를 내리기 어렵지만 소통할 수 있는 글로 형상화하여 여백을 메우는 글이 아니라 독자에게 공감을 줄 수 있는 글이라면 모두 문학이 될 수 있다.

문학으로써 수필을 처음으로 접한 것은 고등학교 국어 교과서에 실린 피천득의 〈수필〉이란 글이었다. "수필은 청자연적이다. 수필은 난이요 학이요 청초하고 몸맵시 날렵한 여인이다. 수필은 그 여인이 걸어가는 숲속으로 난 평탄하고 고요한 길이다."라는 글귀를 읽는 순간 생각이 멈췄다. 수필 공부를 하고 싶은 매력에 빠졌다. 그러나 진학 준비 때문에 그 길에 들어설 수 없었다.

대학에서 자연과학도이면서도 선택과목으로 《문학의 이해》를 수강하여 다양한 장르의 문학을 접할 수 있었다. 리포트를 쓰고 학점을 받기 위하여 괴테의 《파우스트》와 《젊은 베르테르의 슬픔》, 도스토옙스키의 《죄와 벌》, 헤르만 헤세의 《데미안》 등 서양 고전을 읽었다. 그 시절 발표된 리처드 바크의 《갈매기의 꿈》, 에릭 시걸의 《러브스토리》, 사르트르의 《말》과 《구토》도 읽었다.

음악 다방에서 통기타 음악을 들으며 박인환 시인의 《목마와 숙녀》를 읽고 시에 등장한 버지니아 울프의 작품 《자기만의 방》과 《댈러웨이 부인》도 읽었다. 심야 음악 방송을 들으며 키르케고르의《죽음에 이르는 병》을 읽고 진정한 삶의 의미와 가치가 무엇인지 고민한 적도 있었다.

사회생활을 시작하고 전공 심화 과정을 병행하면서 책 읽기와 글쓰기를 위한 꿈을 이루기에는 물리적으로 어려움도 있었지만, 틈틈이 여러 갈래의 책을 읽으면서 언젠가 나의 글을 쓰겠다는 꿈은 버리지 않았다. 이제 경제활동의 종지부를 찍고 꿈을 찾아 글쓰기의 길을 가고 있다.

은퇴 후에 글쓰기 공부를 시작하려 하였으나 그 길을 찾기란 쉽지 않았다. 어디서 무엇을 어떻게 공부를 해야 할지 막막하였다. 고민하다 찾은 대학 부설 평생교육원에 개설된 문학 강좌를 수강하며 공부를 시작했다. 첫해는 문학의 여러 장르에 대한 강좌를 수강하였다. 책을 읽고 생각을 정리하고 주기적으로 글쓰기 과제가 반복되었다. 다음해는 나에게 맞는 글의 장르가 어떤 것인가를 탐색하고, 수필을 써야겠다고 마음을 정하였다. 아마 고등학교 때의 꿈 때문에 이미 정해졌는지도 모른다.

사회 생활할 때 틈틈이 단락별로 편안하게 읽을 수 있는 수필을 좋아했다. 그때 이상, 이효석, 피천득, 이양하, 김형석의 수필을 즐겨 읽었다. 그리고 무엇보다 수필의 본질인 '마음의 산책', '독백' '쓰는 사람을 가장 솔직히 나타내는 문학 형식'을 가진 장르의 매력이 마음에 닿았다.

글쓰기 강좌를 수강하면서 여러 갈래의 문학도 공부하였다. 글쓰기에 필요한 다양한 문학적 사색과 이해의 폭을 넓힐 수 있어 좋았다. 이렇게 공부한 지도 어느덧 여러 해가 지났다. 공부를 시작하면서 이렇게 계속 이어질 줄은 몰랐다.

글쓰기의 길을 가기 위해서는 평생교육원에서 배움만으로는 부족하다는 것을 느꼈다. 수업이 없는 방학에는 수필 쓰기에 필요한 저술가의 이론 서적과 좋은 작품 속에 숨어 있는 명제를 깊이 생각하며 읽었다. 그리고 수필 쓰기에 중요한 '깊이 생각하기'와 '주제 녹여 쓰기를 위한 형상과 교술敎述 과정'에 필요한 지식을 얻고자 하였다.

수필은 소설과 달리 압축된 구성의 미학을 요구한다. 시간 속에 존재하는 실체적 삶의 체험과 흔적을 문학적으로 투시해 가는 것이 수필 쓰기다. 독자에게 감동을 줄 수 있는 글쓰기를 위해서는 더 많은 사색과 삶의 궤적을 문학적으로 형상화하여 교술할 수 있는 숙련 과정이 필요하다.

수필을 '붓 가는 대로 쓰는 글'이라고 쉽게 표현한다. 하지만 수필은 품격 있는 글이다. 수필은 품위는 있되 지나치게 어렵지 않아야 하고, 평범한 듯하면서도 평범하지 않은 글이어야 한다. 그러므로 수필도 성격에 따라 엄연한 제재와 형식, 글을 쓰는 마음가짐과 태도, 자신의 사색을 녹여 쓰기 등 여러 과정을 거치면서 문학적 완성도를 높여가야 한다.

최근 수필 잡지에 보낼 글을 구상하다 시간에 쫓겨 습작 중에서 한 편을 골라 다듬어 보냈다. 다듬는 과정에서 쓴 글을 읽고 더 명확한 표현으로 정리하는 데 꽤 오랜 시간이 걸렸다. 왜냐하면 작품이 활자화되면 되돌릴 수 없기에 수없이 읽고 고치기를 반복함으로써 오류를 최소화하기 위해서였다. 이런 일련의 과정을 거칠 때마다 글쓰기의 길은 쉽지 않음을 새삼 느끼게 되었다.

 글쓰기도 숙련의 과정이 필요하다. 마치 참나무통에서 포도의 신맛과 단맛이 조화로운 숙성 과정을 거쳐 깊은 맛과 향을 내는 와인처럼. 그 이유는 깊은 사색과 삶의 체험을 수필이라는 그릇에 고아高雅하고 담백한 글로 담아내기 위해서다.

돌 예찬

살아 있는 생물체는 생명 유지와 번식을 위하여 경쟁한다. 동종이건 이종이건 이겨야만 생존할 수 있다. 키 큰 나무 아래 키 작은 나무는 햇볕을 쬐지 못하면 도태되고 그 자리에는 음지 식물이 자란다. 야생에서도 민첩하고 강인한 힘을 가진 대형 고양잇과 동물들이 초식 동물이나 느리고 힘 약한 동물들을 잡아먹는 약육강식이 펼쳐진다.

생태계 먹이사슬 꼭대기에 있는 인간은 더 좋은 것을 먹고 많이 가지려고 끊임없이 경쟁한다. 때로는 이런저런 명분으로 자연의 순리에 역행하는 행위도 서슴지 않는다. 식량 증산을 이유로 유해성이 검증되지 않은 유전자변형식품을 개발하고 불치병을 치료한다며 체세포핵이식동물복제기술을 개발한다.

　불로불사不老不死의 허망한 꿈 때문에 무너진 진나라 시황제와 같은 욕망에 사로잡힌 인간이 이 기술을 잘못 사용한다면 공상과학영화에서나 볼법한 일이 일어나지 않을까 걱정된다. 이 모두가 순리에 역행하면서까지 더 가지려는 탐욕 때문이다.

　생물체는 생명을 유지하려 경쟁하지만, 무생물체는 생명이 없어 그렇지 않다. 비록 생명이 없다 할지라도 자연의 이치에서 볼 때 깨닫게 하는 무생물체도 있다. 부처께서도 "이 세상 만물에는 '식'識이 있어 소홀히 대할 것이 하나도 없느니라. 모두가 함께 어울려 돌아가는 이치를 알아야 지혜로운 삶을 살아갈 수 있다."라고 하였다. 인간에게 무엇인가를 생각하게 하는 지혜로운 가르침이다. 가령 생명 없는 돌도 그 형상과 역할만으로 인간에게 깨달음을 준다.

　돌은 자연의 순리에 순응하는 우직한 '인'仁을 지니고 있다. 크고 작은 돌은 태고의 멋을 품은 채 비바람과 물살에 제 살이 깎이어도 주어진 자리에서 의연한 자태를 지닌다. 돌밭에서는 모양과 종류가 달라도 차별하지 않고 서로 사랑하며 생성된 시기나 크기를 자랑하지 않는다. 돌은 주어진 형상에 만족하고 놓여 있는 모습 그대로 위선 없이 보여준다. 이런 모습 때문에 모든 사물에 생명과 영혼이 존재한다고 믿었던 선사시대 정령신앙에서도 돌은 숭배 대상이었다.

돌은 서로를 지켜주는 '의'義를 가지고 있다. 돌은 비바람에 생채기를 당하고 태풍이나 눈보라에 제 몸이 얼고 깨질지라도 원망하지 않는다. 돌끼리는 왜 그곳에 놓여있는지를 탓하지 않는다. 햇볕이 들면 햇볕을 쬐고 비가 내리면 비를 맞고 바람이 불면 바람결에 제 몸을 내어주면서도 더 좋은 자리를 차지하려 다투지 않는다. 산비탈의 크고 작은 돌은 위아래를 괴어 빗물에 씻겨 흘러내리지 않도록 지탱하며 세찬 비바람으로부터 서로를 지켜주는 굳건한 의리를 지킨다.

돌은 자신을 취하여도 탓하지 않으니 '예'禮를 지녔다. 석기시대에는 큰 돌의 속을 찧어내어 비바람을 피할 수 있도록 돌집으로 내어주었다. 작은 돌은 돌도끼이나 돌그릇과 같은 생활 도구, 돌화살촉 같은 수렵 도구로도 쓰였다. 청동기시대에는 지석묘에도 내어줌으로써 저승 가는 길까지 인간에게 '예'를 갖추었다. 석불과 석탑 당간지주와 같은 석물에도 크고 작음을 가리지 않고 사용되었다. 로마 시대에는 석굴교회도 만들었다. 이처럼 동서고금을 통하여 돌은 크기와 용처에 따라 인간이 마음대로 취하여도 탓하지 않으니 무한한 희생의 '예'를 베푼다.

돌은 조화를 알고 구별하는 '지'知를 가졌다. 강가 작은 조약돌은 언제 생성된 돌인지 어디서 흘러온 돌인지를 따지지 않는다. 오로지 물길의 흐름에 따라 서로에게 자리를 내어주고 의탁하는 자연의 가르침에 순응한다. 계곡의 큰 돌은 거센 물길에 몸을 맡기고 부딪혀 깨질지라도 원망하지 않는다. 이렇듯 돌은 풍우상설風雨霜雪에 낡아가면서도 주어진 자리와 크고 작은 형상에 맞춰 자신의 역할을 구별할 줄 아는 조화로운 지혜가 있다.

고려 말 이곡李穀은 〈석문〉石問이란 글에서 "돌은 견고불변堅固不變하여 천지와 함께 종식되는 것, 본말과 가늘고 굵음을 요량料量할 수 없고, 추위와 더위에도 본질을 바꾸지 않는 것, 두꺼운 땅속에 우뚝 박혀 위엄 있게 솟아서 큰 바다를 진압하며, 만 길의 높이에 서서 흔들어 움직일 수 없는 것, 땅속에 깊숙이 잠겨서 아무도 침노侵擄하거나 제압할 수 없는 존재"라 하며 돌의 천성天性을 칭송하였다.

돌은 생명이 없어 움직이지는 못하지만 풍요로운 동적 가치나 무한한 힘을 인간 앞에 보여주었기에 언제나 시·서·화의 중요한 소재가 되었다. 동양화에서는 돌로 시작하여 돌로 끝난다는 말이 있을 정도로 많이 등장한다. 이처럼 묵묵하고 불변하면서도 다정다감한 기품을 갖추고 있기에 예로부터 선비들은 돌을 사랑하였고 문방사우와 함께 다섯 번째 벗으로 '덕'德을 예찬하면서 '선'禪의 경지에 들기도 하였다.

혼란스러운 시대에 사는 인간에게 덕담 한마디를 청한다면 돌은 뭐라 할까. '많이 가지고 적게 가지고 지위가 높고 낮고 많이 배우고 못 배우고 어디서 태어나고 사는지를 비교하지 말라'고 할 것이다. 강가에 있는 돌 모양이 제각기 다르듯 세상에 똑같은 인간은 없다. 일란성 쌍둥이도 생김새는 비슷하나 성격과 생각이 다르고 소질과 재능도 다르다. 이렇듯 다양한 인간이 조화롭게 살아갈 수 있는 사회는 탐욕을 채우기 위해 편 가르지 말고 나와 다름이 존중되어야 한다.

느림의 모놀로그

　언젠가부터 느린 것이 몸에 잘 맞는 옷같이 편안함을 느낀다. 젊을 때처럼 몸이 민첩하진 않지만, 예전처럼 빨리 살아야 할 이유도 없다. 주어진 시간은 예전이나 지금 모두 같으나 그 시간을 활용함에서는 생각의 차이가 확연하다. 은퇴 생활에서는 빠른 것보다 느린 것도 괜찮고 때로는 느린 것이 몸과 마음을 편하게 해 준다는 것을 알게 되었다.

　삶을 되돌아보면 '빨리빨리'라는 약물에 취하여 산 것 같다. 아마도 그때는 미래에 대한 두려움 때문에 먼저 가지 않으면 뒤처진다는 생각이 강했다. 사회문화의 전반적인 흐름도 한몫을 하였다. 관점에 따라 다를 수는 있겠지만 넓게 보면 산업기술 혁명이 사람을 쉬지 못하게 빠르게 몰아갔다는 점도 부정할 수 없다.

최근에는 많은 사람이 '느림의 미학'에 대하여 생각한다. 그리고 슬로 시티slow city, 다운 시프트downshifts, 로하스LOHAS: lifestyles of health and sustainability 등과 같은 사회 대안 운동이 전 세계적으로 퍼지고 있다. 더불어 이 주제와 관련된 책도 출간되면서 느림이 이제 문화 코드로 자리 잡았다.

느림의 철학자 피에르 쌍소는 철학적 에세이《느리게 산다는 것의 의미》제4권 〈거부할 수 없는 아름다움〉 편에서 사람이 아름다움을 얻기 위하여 자신의 몸을 괴롭히고 마음에도 없는 사랑을 얻으려고 노력하며 성공을 위하여 이용한다고 날카로운 비판을 한다. 아름다움만으로 타인에게서 호감을 얻기 위하여 노력하는 사람에게 자신을 되돌아보라는 충고를 던진다.

쿤테라는《느림》이라는 소설에서 "느림과 기억 사이 빠름과 망각 사이에는 어떤 내밀한 관계가 있다. (중략) 느림의 정도는 기억의 강도에 정비례하고 빠름의 정도는 망각의 정도에 정비례한다." 라고 말한다. 그렇다. 속도는 사람을 시간으로부터 탈출하게 하고 자신으로부터도 해방하지만, 그것이 반드시 긍정적 해방이 아니라 마치 샤먼처럼 '빨리'라는 엑스터시에 취한 듯 망각과 부정으로 뒤엉킨 해방일 뿐이라고 지적한다.

쿤테라는 속도로 대표되는 현대를 비판하면서 느림의 즐거움을 느껴보고 속도에만 몸을 맡겨 즐거워하지 말라고 충고한다. 그리고 빠르게 스쳐 간 사건은 시간이 지나 되돌아보면 기억에 남는 것이 별로 없다. 그만큼 보지 못하고 스쳐 지나간 것이 많았다는 것을 알려준다.

사람은 몸과 정신과 감정의 혼합체로서 태어나서 죽을 때까지 쉬지 않고 움직이며 산다. 일상의 삶에서는 먹고 일하고 자고 느끼고 다른 사람과 공유하고 부딪히며 생활하다 보면 때로는 그 일상에서 벗어나고 싶다는 생각도 한다. 이런 사고는 개인이 가질 수 있는 선택으로 그 중심에는 '웰빙'이라는 사유의 삶을 즐기는 요소가 포함된다. 그 형태는 개인의 취향에 따라 여러 가지 형태로 발전하여 슬로시티와 슬로푸드, 혼자 즐기는 여행 등과 같이 다양한 모습으로 발전한다.

젊을 때 바쁘게 살다 지친 심신을 풀고 바깥세상을 구경하기 위하여 단체 여행을 다닌 적이 있다. 글을 쓰려고 돌아본 여행지를 정리하다 보면 그곳에 가긴 갔지만 무엇을 보고 왔는지 기억에 별로 남는 것이 없다. 단지 빡빡한 일정에 따라 바쁘게 다니다 보니 버스나 비행기 탄 것만 오롯이 생각난다.

몇 년 전 '꽃보다 할배'가 방영된 이후 비슷한 프로그램이 우후죽순처럼 자유여행이 유행하고, 은퇴자도 그 대열에 동참하고 있다. 얼마 전 몇 달에 걸쳐 느리게 자유여행을 한 적이 있다. 단체여행 프로그램이라면 이삼일이면 돌아볼 수 있는 곳을 짧게는 일주일 길게는 열흘에 걸쳐 거북이처럼 느림보 여행을 하였다.

일정이 자유롭다 보니 구석구석 숨겨진 아름다운 비경을 본 것은 물론이고 더더욱 그곳에 사는 사람들의 모습과 삶의 향기를 맡을 수 있어 좋았다. 그리고 짧은 시간이나마 그들의 생활을 체험하고 문화를 느낄 수 있었으며 학교에서 배운 적이 없는 자연과 역사를 조금이나마 이해할 수 있었다. 느림이 주는 최고의 선물로 몸과 마음이 가벼워지고 흐트러진 정신이 맑아짐으로써 스스로 나 자신에게 주는 최고의 휴식이 되었다.

초등학교 때 읽은 〈토끼와 거북이〉라는 우화가 생각난다. '거북이는 느리고 토끼는 빠르다'는 이분법적 사고로 이해하였던 기억이 있다. 즉 '느리지만 꾸준히 노력하는 자가 승리한다'는 교훈 뒤에는 '게으른 토끼'라는 부정적 이미지가 있다. 하지만 현대는 조화로운 생각과 행동으로 리듬이 있는 삶을 살아야 한다.

거북이처럼 느린 것도 능사가 아니고 토끼처럼 앞만 보고 뛰는 것은 더더욱 아니다. 속도를 내어 빨리 가야 할 땐 달려야 하고 심신이 지칠 땐 토끼처럼 낮잠을 자면서 쉴 줄도 알아야 한다. 이렇듯 빠름과 느림을 시간으로만 단정짓고 살아야 하는 현대인은 더욱 혼돈 속에 갇히게 된다. 그리고 지금은 '초' 단위로 빠르게 변화하는 속도의 시대에 살고 있고 시간은 돈이라는 물질문명이 만들어 놓은 화폐 기준의 가치관 속에 묶여 산다.

아인슈타인은 '빠르게 움직일수록 시간은 느리게 간다'는 상대성 이론에서 그는 한정된 인생(시간)에서 빠름에 적응된 기능적 신체와 정신적 두뇌활동은 쇠퇴가 빨라진다는 것을 물리적으로 설명하고 있다. 정답은 아니지만, 해답을 얻을 수 있다. 그리고 사람은 느린 삶을 즐길 권리도 있다는 것을 잊어서는 안 된다.

21세기 들어 느린 삶을 행복의 우선순위로 생각하는 사람(Slobbie)이 늘고 있다. 그들은 어떻게 실현할 것인가를 고민하면서 '느림의 미학'에 관심을 둔다. 그들은 느림을 '천천히 가는 것'만이 아니라 '아름답게 흘러가는 것'이라는 뜻의 깊은 의미로 받아들인다.

빠름은 기계의 시간이고 느림은 자연의 시간이다. 느림의 미학을 즐기는 삶을 살자. 가을이 왔다. 책 한 권 들고 고요함을 느낄 수 있는 호젓한 산길을 느릿느릿 걸어보자. 탐미한 아름다움을 자연의 화폭에 담아 지친 눈을 기쁘게 해 주고 오선지에 옮길 수 없는 자연의 오묘한 소리에 지친 귀를 즐겁게 해주자.

암각화의 '흔적 미학'

　지구상에서 삶의 흔적을 남기는 유일한 동물은 인간이다. 인간은 왜 동굴 벽면에 암채화를 그리고 바위에 암각화를 새길까. 그것은 선사시대 사람들이 바위와 관련된 민간신앙의 흔적이나 사냥의 성공과 풍요를 기원하는 주술적 의미를 돌에 표현한 것으로 추정한다. 기법으로는 암채와 암각으로 구분하나 일반적으로 '바위그림' 또는 '암각화'라고 한다.
　흔적은 어떤 현상이나 실체가 없어졌거나 지나간 뒤에 남은 자국이나 자취를 말한다. 그러나 자연에서는 순간과 영원 속에서 남겨진 모든 것을 말한다. 나무는 나이테를 남겨 생육 상태와 나이를 자연스럽게 나타내지만, 선사시대 사람은 의도적으로 바위나 동굴 벽면에 삶의 흔적을 남겼다. 바위그림은 당대 사람의 생활상과 미적 의식 기원을 알려주는 고대인의 흔적을 볼 수 있는 고귀한 유산이다.

여행길에 유네스코 세계유산으로 등재된 프랑스 남부 라스코 동굴 벽화, 아제르바이잔 고부스탄 암각화, 아직 등재되지는 않았으나 회화적 사료로도 가치가 있는 키르기스스탄 촐폰아타 암각화, 잠재 목록에 등재된 울산 반구대 암각화를 찾아 선사시대 삶을 흔적을 살펴본다. 이런 것에서 초월적 가치의 흔적 미학을 느낀다.

암각화는 대부분 인기척이 드문 깊숙한 곳에 있는 바위 면이나 동굴 벽면에 새겼으며 당시 삶의 실상을 후세에 말없이 전하는 기록 예술이자 돌에 새겨진 문명의 흔적이다. 바위그림에는 구체적인 사물과 함께 추상적인 도형도 볼 수 있다. 원이나 동심원, 삼각형이나 물결무늬와 같은 기하학적인 형태를 갖춘 그림도 있고 때로는 물체의 모호한 형태도 볼 수 있다. 암각화의 평가는 이념으로서 추구되는 아름다움이 아니라 어디까지나 의식에 비치는 미학적 관점에서 숨어 있는 의미를 살핀다.

바위그림은 유럽과 시베리아 몽골 중국 등 세계 곳곳에 있다. 우리나라도 국보로 지정된 울산 반구대 암각화 외에도 청동기 시대로 추정되는 경주 석장동과 안심리 · 영일 칠포리 · 영천 청통면 보성리 · 충주 가금면 가흥리 · 안동 임동면 수곡리 · 남원 대산면 대곡리·고령 안화리와 장기리 등 여러 곳에 흩어져 있다. 우리나라 암각화는 한반도에 살았던 선사시대 선조가 자연과 함께한 조화로운 삶의 흔적을 볼 수 있고 그 속에서 생활상과 문명을 이해하는 데에서 그 의미를 찾는다.

라스코 동굴벽화는 프랑스 남서쪽 도르도뉴 몽티냐크 근처 베제르계곡의 절벽 위에 있다. 현존하는 세계 최고의 후기 구석기시대 크로마뇽인의 주거지로 추정되고 그곳에서는 2천여 점의 다양한 암각화와 유물이 발견되어 프랑스에서 가장 오래된 구석기 유적으로 분류한다. 이 동굴의 벽면 곳곳에는 멸종된 매머드와 동굴사자를 비롯하여 유럽 들소, 동굴곰과 하이에나, 말과 표범, 올빼미 등 6백 점의 그림과 천여 점의 암각화 외에도 다수의 유물이 발견되었다. 그뿐만 아니라 다른 곳의 동굴 벽화와 비교하였을 때 당시 생활상을 상세하게 볼 수 있는 특색이 있다.

라스코의 벽화는 단순한 선과 면으로 구성된 듯 보이나 동물의 움직임을 순간 묘사로 표현한 역동성과 사실성은 현대미술과 견주어도 손색이 없을 정도여서 '선사시대 루브르', '석기시대 피카소'라 한다. 동굴 바닥에서는 부싯돌이나 돌칼, 염료로 쓰인 것으로 추정되는 흙더미와 숯불 구덩이도 발견되었다. 진흙층에서는 약 2만~3만 년 전의 것으로 추정되는 가장 오래된 현생 인류의 발자국도 발견되었다. 프랑스 문화제 당국은 라스코 동굴은 벽화 훼손을 염려하여 동굴에 들어갈 수 없도록 영구보존 조치를 하였고 인근에 복제 동굴을 만들어 관람객을 맞는다.

 고부스탄 암각화는 아제르바이잔 바쿠에서 남서쪽으로 약 60km 지점에 있다. 이 지역에는 4만 년에 이르는 바위 예술의 증거가 되는 석기와 청동기 시대 유물이 많이 남아 있다. 현재까지 약 6천 2백여 점의 암각화, 40기의 무덤과 함께 10만여 점의 유물이 출토되었다. 이곳 바위그림은 선사 시대 사냥 모습과 동식물, 고대인의 생활 방식, 선사와 중세 시대의 문화적 연속성을 반영하고 있어 질과 양 모든 면에서 뛰어난 가치를 인정한다.

 이 지역은 코카서스 산맥 끝자락과 카스피해 사이에 있으며 건조한 반사막으로 537ha나 되는 광대한 문화경관 지역으로 유네스코의 보호를 받고 있다. 암각화에는 이곳을 대표하는 '노 젓는 사람이 탄 배' 이외에도 동물, 전사, 낙타와 대상, 태양과 별, 식물 등 다양한 문양이 발견되었다. 또 인간이 살았던 동굴 정착지와 묘지 등 수많은 유적이 있다. 이 모든 것은 빙하 시대 말기 장마 기간부터 후기 구석기와 중세까지 이어지는 동안 사람이 살았음을 추정케 한다. 바위그림을 통하여 당시 기후와 식생, 수렵 생활상을 추정할 수 있는 귀중한 고고학적 가치 때문에 아제르바이잔 정부는 주변 4,400ha를 보호구역으로 지정하였다.

 키르기스스탄의 촐폰아타 암각화 공원은 수도 비슈케크에서 동쪽으로 270km 지점에 있으며 이식쿨 호수 가까운 곳에 있다. 42ha의 거대한 지역에는 선사시대에 만들어진 바위그림, 돌무덤,

돌로 만들어진 벽의 잔해가 즐비하다. 암각화에는 말과 눈표범, 산양과 사슴, 들소 등 여러 종류의 동물과 수렵사회의 생활 모습을 보여주는 사냥하는 사람을 그린 것도 있다. 그뿐만 아니라 그곳에는 얼굴을 조각해 놓은 발발balbal, 돌에 새긴 비문도 있다.

촐폰아타 암각화 공원에 산재한 바위그림은 BC 2천 년 전부터 AD 6세기에 만들어진 것으로 추정한다. 작게는 30cm 돌부터 크게는 3m가량의 거대한 바위에 그렸으며 옛 중앙아시아를 호령한 고대 나라 사카스키디안Saka-Skythian 스타일이 많이 묻어나 있다. 돌은 대부분 서남과 동남 방향을 바라보고 있어 태양 숭배의 의미도 투영되었다고 고고학자들은 주장한다. 특히 이곳의 암각화는 절리를 따라 암석이 풍화되면서 심각한 훼손이 진행되고 있다. 이런 현상은 지리적으로 기온 차가 심하고 겨울에는 눈이 많이 내리는 지형적 특성이 가장 큰 원인이다. 암각화 공원은 남사면을 향하고 있어 밤에 내린 눈이 한낮에 녹아 바위틈으로 스며들고 밤에 얼면서 틈이 벌어져 부서진다. 또한, 인간과 동물의 이미지를 돌에 새기는 것을 금하는 이슬람문화가 중앙아시아에 퍼질 때 종교적인 이유로 훼손되었거나 사라진 경우도 많이 있었을 것으로 추정한다.

울산 태화강 상류의 지류 하천인 대곡천 절벽에 있는 반구대 암각화는 우리나라를 대표하는 암각화로 최근 과학적 연구 결과에 따르면 약 7천 년에서 3천5백 년 전인 신석기 시대에 제작된 것으로 생각한다. 인류 최초의 포경 문화를 보여주는 유적일 뿐만 아니라 북태평양 연안의 독특한 해양 어로 문화를 대표하는 인류문화유산으로 평가되어 2010년 유네스코 세계유산 잠정 목록에 등재되었다.

암각화는 너비 약 8m, 높이 약 5m의 편편한 바위 면에 약 3백여 점의 바위그림이 집중적으로 새겨져 있다. 그림의 주제는 선사시대 선조들이 고래잡이 하는 해안 어로, 호랑이, 사슴 같은 육지 동물을 사냥하는 모습을 고스란히 담은 걸작이다. 특히 동물 그림은 생태적 특징을 매우 상세하게 표현하고 있어 고래, 거북, 물개, 물새, 상어, 물고기, 사슴, 멧돼지, 호랑이, 표범, 여우, 늑대 등 20여 종의 동물을 구분할 수 있다. 또한 배와 작살 부구 그물을 이용하여 고래를 사냥하는 매우 사실적인 포경 장면이 묘사되어 있는데, 이는 과거 울산 태화강과 울산만 주변에서 뛰어난 해양어로 문화를 가진 포경 집단이 있었음을 말해준다. 그러나 최근 사연댐 건설로 수몰될 위기에 처해 있어 매우 안타깝다.

흔적 미학 관점으로 볼 때 암각화에서 무엇을 찾을 수 있을까. 돌은 인간의 삶과 문명을 함께 공유하는 근원적인 물物이다. 그 위에 그려진 바위그림은 선사시대 고대인의 생활상과 정신세계에 이르는 삶이 온전히 응축되어 있다. 그뿐만 아니라 암각화는 그들의 정신적 가치와 감성이 반영된 미학적 행위였기 때문에 그 속에 담긴 예술혼과 흔적 미학의 가치를 발견할 수 있다. 한 예로 대곡리의 인물상은 선으로 그려진 바위그림으로는 가장 오래된 우리 조상의 첫 해학적 얼굴 모습인데 그 속에서 조상의 사연과 인간에 대한 이해뿐만 아니라 미학적 감성을 동시에 느낄 수 있다.

흔적 미학은 암각화 외에 다른 분야에서도 찾을 수 있다. 문학에서도 오래전부터 탐구하였다. 음유시인 호메로스는 대서사시 《일리아드》에서 트로이와 그리스 간 전쟁을 다루면서 황금사과에서 비롯된 세 여신의 불화와 '파리스의 선택', 그리고 아름다운 여인 헬레네의 납치와 도주로 시작되어 '트로이 목마'로 끝난 전쟁 이야기는 신화적 요소를 곁들여 극화하였다. 이 작품은 당시 미케네 문명의 사회 모습과 여러 양상을 엿볼 수 있고 문학적으로는 시간대별로 전개된 사건을 흔적 미학 관점에서 그렸다.

현대인은 감성적 인식에 기인한 미를 완전한 것이라고 하고 이것을 미학으로 생각한다. 하지만 암각화는 미의 본질을 묻는 형이상학적 관점에서 영원히 변치 않는 초감각적 존재다. 따라서 암각화는 흔적 미학의 이념을 추구한 인류의 소중하고 귀한 문명유산으로 그 가치를 존중하여야 한다.

《호수의 여인》을 찾아서

몇 년 전 〈아베 마리아〉라는 제목의 글을 쓰면서 슈베르트의 곡에 붙여진 노랫말은 기도문이 아니라 서사시 《호수의 여인》The Lady of The Lake 중 〈앨런의 노래〉라는 것을 알았다. 그 후 이 책을 읽고 싶어 인터넷 서점에서 검색하였으나 한글 번역본은 찾을 수 없어 포기하였고 대신 유튜브를 통하여 로시니의 오페라와 서사시를 성악곡으로 만든 노래를 감상하였다.

그러나 얼마 전 이곳 오리건주 카이저에 있는 헌책방에서 이 책의 영문판을 찾았다. 표지는 세월의 흐름만큼이나 낡아 색이 바랬고 책에는 소장한 사람이 읽고 기록한 메모가 여기저기 남아 있다. 비록 새 책은 아니어도 손때가 묻은 흔적을 느낄 수 있어 좋았다. 이 책은 120년 전인 1899년에 발행한 고서古書로 당시 미국 브라운 대학에서 영국 문학을 강의하였던 교수 Lindsay T. Damon의 해설이 실려 있어 작품을 이해하는 데 도움이 된다.

오랜 시간 동안 중고서점 한구석에서 누구로부터도 선택받지 못하고 먼지만 쌓여 있던 책을 발견한 순간 나는 갖고 싶은 선물을 받은 것처럼 매우 기뻤다. 귀가하여 때 묻은 표지를 깨끗이 닦고 너덜거렸던 책을 떨어지지 않게 풀로 발랐다. 다음 날 단단하게 굳어진 책은 충분히 읽고 소장할 수 있는 상태로 바뀌었다.

하루는 이 책 중에서 〈앨런의 노래〉를 옮겨보기로 마음먹고 사전과 씨름하였으나 제대로 하지 못하였다. 그 이유는 시적 감성과 영문학적 어휘력이 부족했기 때문이다. 그러나 전반적으로 이 서사시의 행간을 이해하는 데에는 도움이 되었고 앨런이 갈망한 애절한 사랑의 감정을 느낄 수 있었다.

이 서사시는 19세기 초 영국의 역사 소설가이자 시인인 월드 스콧의 작품이고 《최후의 음유 시인의 노래》, 《마미온》, 《호수의 여인》은 그의 3대 서사시로 유명하다. 모두 6부로 구성된 이 작품은 1810년 출판하였고 부마다 하루에 일어난 일을 읊으면서 이야기를 전개한다. 본문은 8음절대행音節對行의 시행詩行으로 미려美麗하고 모두 4,956행으로 구성되어 있다.

《호수의 여인》은 서사 시문학으로써 뿐만 아니라 오페라에서도 많이 인용되었다. 이탈리아 음악가 아키노 로시니에 의해 작곡된 2막의 오페라는 지금도 영국을 포함한 세계 곳곳에서 공연될 정도로 유명하다. 오페라를 작곡한 로시니는 이 서사시를 기초로 하여 안드레아 레온 토톨라와 함께 오페라 대본을 작성하였다. 이 책이 발간된 후 유럽에서는 이 서사시를 원작으로 한 오페라가 25편이나 나왔으며 로시니의 작품도 그중 하나다.

로시니의 오페라는 스코틀랜드를 배경으로 앵거스 백작 더글러스와 스코틀랜드의 왕 제임스 5세 간의 권력 투쟁을 오페라라는 음악 공간에서 묘사하였다. 이 작품은 생생한 이야기의 압축과 낭만적인 줄거리를 호른 소리와 신비한 하프 소리 그리고 대규모 합창과 오케스트라의 웅장한 소리가 무대 안과 밖에서 울려퍼졌을 정도로 대작이다.

오페라 2막에서 변장한 제임스 왕은 앨런에게 사랑을 고백하지만, 그녀의 마음은 이미 다른 사람에게 가 있어 오직 우정만 줄 수 있다고 말한다. 실망한 왕은 그녀에게 반지 하나를 건네준다. 그리고 이 반지는 스코틀랜드 왕의 것이라고 말하면서 왕의 도움과 보호가 필요할 때 그녀를 지켜줄 것이라고 약속한다.

그들의 대화를 엿들은 산지족山地族 족장 로드리고는 변장한 제임스 왕이 자신의 적인 것을 알고 군사를 소집하여 전투를 시작한다. 이 과정에서 로드리고는 전사하고 반란군은 패배한다. 그리고 반란군과 한패였던 앨런의 아버지 더글러스와 그녀의 연인 맬컴은 포로로 붙잡히게 된다.

앨런은 스코틀랜드의 왕에게 붙잡힌 아버지를 구명하기 위하여 스털링성으로 간다. 그녀는 그곳에서 변장한 제임스 왕의 정체를 알게 되고, 아버지의 용서를 청한다. 왕은 앨런의 청을 받아들여 더글러스와 맬컴을 용서하고 앨런과 맬컴은 서로가 갈망한 사랑의 축복을 받으며 막이 내린다.

《호수의 여인》에 등장하는 호수는 스코틀랜드 스털링Sterling에 있는 카트린 호수Loch Katrine를 말한다. 호수의 길이는 13km에 달하고 호수에서 운행되는 연락선의 이름도 '서 월터 스콧'Sir Walter Scott로 명명하여 그를 기억하고 있다.

이 작품의 배경이 된 카트린 호수는 낭만적인 자연환경과 경치를 간직한 아름다운 호수다. 스콧은 역사적 사실과 자연 소재를 회화적 기술을 통하여 서사시 형태로 형상화함으로써 당시 유럽 전역의 많은 독자로부터 깊은 호감을 받았다.

슈베르트도 이 작품의 독일어 번역본을 읽고 감탄한 나머지 자신의 곡 〈아베 마리아〉에 넣을 노랫말을 기도문이 아니라 〈앨런의 노래〉를 인용한 것을 볼 때 이 작품 곳곳에 깔린 서사시적 아름다움이 어느 정도인지를 알 수 있다.

문득 고등학교 시절 국어 선생님이 던졌던 질문 '고요함이 들려주는 소리는 무엇일까'가 떠오른다. 시詩를 강의하는 시간이어서 시적 감성을 일깨우기 위한 질문이었다. 그는 '소네트'sonnette라면서 릴케의 시 〈사랑의 운명〉을 낭송해주어 사춘기 시절 잠시 시의 매력에도 빠졌다. 하지만 그때는 예민한 감성이라도 있었지만, 지금은 모든 것이 메마른 나이에 〈앨런의 노래〉에 취하여 슈베르트의 〈아베 마리아〉를 듣고 또 듣는다.

고뇌하는 침묵 속에서

　내 곁에는 묵묵히 침묵하며 고뇌하는 친구가 있다. 내가 바라볼 때마다 그는 나에게 생각하는 힘을 준다. 아침마다 내가 친구에게 인사를 하면 그는 무거운 침묵으로 대신한다. 요리조리 살펴보면 헤라클레스가 고민에 빠진 모습 같기도 하고 깊은 사유에서 헤어나지 못하는 시시포스를 연상케도 한다. 그러나 앞에서 보면 그는 심연에서 유유자적 침묵을 즐기는 철학자 같은 친구다.

　나는 그 친구를 사랑한다. 로댕의 〈생각하는 사람〉의 두상을 닮았다. 그렇다고 하여 그는 로댕의 손을 빌리지 않았고 오로지 오랜 세월의 풍파를 거쳐 자연에서 영원한 생명을 타고났기에 인위적인 아름다움은 없어도 그것을 뛰어넘는다.

내 친구는 자연의 미와 향을 물씬 풍기면서도 항상 생각하는 고뇌에 빠진 형상을 한 오석烏石이다. 그냥 멋진 돌로만 보는 것이 아니라 친구이기 때문에 매일 볼 수 있는 서재 문갑 위에 올려놓고 무언無言의 대화를 한다. '너는 어디서 왔니. 부모님은 어떤 분이시니. 너는 무엇을 좋아하니. 갖고 싶은 것이 있으면 말해봐 무엇이든 들어줄게' 하고 물어도 친구는 응고한 세월의 모습을 흐트리지 않고 오직 침묵으로만 대답한다.

요즈음 힘센 늙은이와 철없는 젊은이의 말싸움은 금기의 도를 넘어 듣기가 괴로울 때가 한두 번이 아니다. 그사이에 끼어 있는 우리는 뾰족이 말릴 방법이 없어 가슴앓이 앓듯 속이 탄다. 많은 사람의 생명을 한순간에 앗아갈 수 있는 전략 무기가 내 머리 위를 지나 싸움꾼의 나라를 위협한다. 나를 지켜줘야 할 정치꾼은 서로 이해타산만 따져 정쟁만 일삼는다. 이러다가 불장난이 전쟁으로 가면 어쩌나 하는 끔찍한 생각도 해본다.

전쟁을 직접 겪어보지는 않았지만 태어나자마자 6·25 동란이 일어났다. 전쟁 후유증으로 성장기에 혹독한 삶의 어려움을 겪었던 기억은 남아 있다. 학교에도 교실이 부족하여 비가 오지 않으면 들판에서 공부할 때도 있었고 마치 생산 공장처럼 아침, 점심, 오후반으로 나누어 교실 한 칸을 세 반이 교대로 사용하기도 하였다. 그런 생각을 떠올리면 이제 살 만큼 경제 성장을 이루었는데 또 전쟁이 나면 안 된다는 생각에 머리가 지끈거린다.

아침 일찍 서재에 들어 '친구야! 너 같으면 어떻게 하겠니?' 하고 물어본다. 그는 말없이 침묵하며 뚫어지게 쳐다보며 눈싸움을 한다. 돌이라는 것을 알면서도 묻고 있는 나를 보고 피식 비웃는다. 그러면서 친구는 자신의 모습에서 해답을 찾으라는 듯이 꼿꼿한 자태로 쳐다본다. 자문자답한다. 친구는 '제발 서로 입 좀 다물고 고뇌하며 침묵 속에서 답을 찾으라'고 일러주어 나는 친구에게 가섭迦葉의 미소를 지어 보인다.

살면서 크고 작은 어려움을 수없이 접한다. 하지만 그럴 때마다 모든 것을 해결하지는 못한다. 모르는 사이에 기억에서 사라진 사소한 것들은 시간이 지나다 보면 저절로 해결되는 예도 있다. 그러나 작금의 사태는 관망하며 기다린다고 하여 해결될 것으로 기대하기에는 너무나 큰 세기의 사태다. 백약이 무효인 상황이다. 그렇다고 더더욱 손놓고 기다릴 수도 없다. 그렇다면 어떻게 해야 할까. 그 답은 깊이 고뇌하면서 찾아야 할 것 같다.

다툼은 혼자 하는 것이 아니라 항상 상대가 있다. 힘이 센 자는 약한 자를 윽박지르고 약한 자는 기죽기 싫어 끝까지 악을 쓰면서 버틴다. 그러면 이들을 말릴 방법은 없을까. 거창한 곳에서 답을 찾지 말고 우화에서 그 답을 찾자.

손자에게 읽어 주었던 우화 속의 이야기가 떠오른다. 초원의 여름날 무더위에 지친 늙은 사자와 살찐 멧돼지가 물을 마시기 위해 작은 웅덩이로 왔다. 서로 먼저 마시려던 다툼이 결국 목숨을

건 싸움으로 커졌다. 싸우다가 숨을 가다듬기 위하여 잠시 쉬다가 그들은 둘 중 하나가 먼저 죽기를 기다리고 있는 독수리 떼를 보았다. 그들은 잠시 미운 감정을 접어두고 말한다. "서로 싸우다 시체가 되어 독수리 먹이가 되느니 차라리 사이좋은 친구가 되는 편이 낫겠네."라고 누군가가 먼저 말한다.

  물론 미국과 북한 그리고 우리나라 사이에 엉킨 실타래는 우화처럼 쉽게 풀릴 수 있는 일이 결코 아니다. 그렇다고 하여 이 우화를 그저 아이들만의 이야기라고 하기에는 간단하면서도 한 번쯤 큰 틀에서 생각해볼 만한 지혜가 들어있다. 우화와 같이 한 박자 쉬어가면서 서로가 답을 찾을 때까지 대화하고 양보하는 여유가 필요하다.

  지금은 여러 가지 지혜 중에서 침묵이 필요한 순간이다. 서로 깊이 고뇌하면서 잠시나마 고조된 감정을 가라앉히고 말싸움하지 않아야 한다. 나는 더위에 지친 늙은 사자와 살찐 멧돼지에게 풍부한 성량과 호소력이 넘치는 브룩 벤튼Brook Benton의 노래 〈Think Twice〉를 들려주고 싶다. 그들의 말싸움으로 얼마나 많은 사람이 고통을 받고 있는지를 생각한다면 나의 메아리가 그들에게 들리지 않겠지만 고뇌하는 침묵 속에서 다시 한 번 생각하는 것이 좋겠다.

자화상

　누구나 한 번쯤은 자기가 살아온 흔적을 글이나 그림 다른 수단으로 남기고 싶을 때가 있다. 고대인이나 선대에 살았던 사람들은 암각화나 벽화 서책을 통하여 삶 속에서 '우리가 누구이고 무엇을 하고 있는지'를 남겼고 예술가는 작품 활동을 통하여 삶의 자전적 흔적들을 남긴다.

　아제르바이잔 중부지방 고부스탄에는 4만 년 전에 살았던 고대인들이 바위에 육천여 개 이상의 뛰어난 암각화를 통하여 선사시대의 사냥 동식물 생활방식 등을 새겨 놓았다. 이 돌 그림들은 선사시대로부터 중세에 이르기까지 문화적 연속성을 반영하고 질과 양 모든 면에서 뛰어난 가치를 지니어 세계문화유산으로 인정

받고 있다.

　예술 분야에서도 작가는 자전적 소설이나 수상록을 통하여 자기 생각과 예술적 가치를 공유하기 위하여 많은 작품을 남겼다. 고흐나 피카소를 비롯한 화가들도 자신의 자화상이나 자전적 작품을 통하여 예술적 영감이나 내면의 가치를 표현하였다. 따라서 자화상은 작가 가슴에서 꺼내온 가장 엄밀한 고백이라고 할 수 있다.

　그동안 살아온 삶을 되돌아보고, 은퇴 후 삶을 생각하기 위하여 산티아고 순례(프랑스 길)를 떠났다. 순례 여정은 프랑스 남부 국경 마을 생장피에드포르에서 첫날 피레네산맥을 넘어 스페인으로 들어가는 일정이다. 높은 산을 하루에 넘기가 두려워 체력보강과 시차 적응을 위하여 일주일 정도 파리에 체류한 후 걸었다. 파리에 머무는 동안 오로세 미술관과 루브르 박물관, 노트르담 대성당과 몽마르트르 언덕 등 명소를 걸어서 다닐 수 있는 곳은 모두 걸어다녔다.

　몇 차례 파리를 여행하였지만, 그때는 경제활동을 할 때라 시간에 쫓겨 미술관과 박물관을 제대로 관람하지 못하였던 것이 내내 아쉬웠다. 그러나 지금은 은퇴하였고 시간적 여유가 있어 하루 일정을 잡아 오로세 미술관만 둘러보기로 하였다. 입장권을 예매하지 않았기에 하루 입장객 수의 제한에 걸리지 않기 위하여 아침 일찍 숙소가 있는 몽파르나스 역 부근을 출발하여 종종걸음으로 미술관까지 걸어갔다. 삼십여 분 줄 서서 기다리다 미술관으로 들어갔다.

아래층에서부터 많은 조각과 유화 작품이 눈에 들어왔다. 시간적 여유로움 속에 여러 작품을 감상하면서 열심히 카메라에 담았다. 일층에서 시작하여 위로 올라가면서 작품과 작품설명 내용을 촬영하다가 한 작품 앞에서 발걸음을 멈췄다. 순간 가슴이 벅차고 심장이 쿵쿵 뛰는 느낌 속에서 눈을 뗄 수 없었다. 그 자리에서 한동안 빈센트 반 고흐의 〈자화상〉을 꼼꼼히 살피며 느릿느릿 여유롭게 감상하였다.

미술관을 찾기 이틀 전 파리에서 얼마 떨어지지 않은 시골 오베르쉬아즈에 갔다. 그곳은 고흐가 마지막 생애 석 달간 머물면서 식사도 제대로 하지 못하고 아침부터 저녁까지 쉬지 않고 작품 활동을 하며 무려 80여 점의 그림을 그렸고, 그곳에는 고흐의 무덤이 있다. 그가 마지막으로 숨을 거둔 허름한 여인숙 이층 작은 침실에는 조그만 침대와 탁자 그리고 나무 의자 하나만 덩그러니 남아 있다. 고흐의 마지막 작품 활동의 무대가 된 곳을 여행한 여운이 남아서인지 오랜 시간 작품 앞을 떠날 수가 없었다.

고흐는 화가 중에서 자화상을 여러 작품 남긴 작가에 속한다. 오로세 미술관이 소장하고 있는 이 자화상은 그가 세상을 떠나기 일 년 전인 1889년에 그렸다. 고흐는 거울에 비친 자신의 모습을 보고 이 작품을 그렸기 때문에 실제 모습은 정반대다. 이 작품은 그의 여러 자화상 중에서 최고의 걸작으로 평가받는다.

 미술관이 소장하고 있는 이 작품은 단순히 자화상으로서의 평가뿐만 아니라 고흐의 작품 세계를 상징적으로 말해주는 대표작으로 꼽힌다. 왜냐하면 고흐의 삶은 자신의 자화상처럼 언제나 뒤바뀌고 꼬인 인생과 이방인처럼 살았다. 이 작품은 그가 현실에 처한 자신의 자아를 가장 잘 표현한 것으로 인정받는다. 특히 작품의 배경을 이루는 꿈틀거리는 푸른 물결 형상은 당시 고흐가 끊임없이 갈등상태에 휩싸여 있었던 내면의 심리상태를 잘 표현하였다. 한편 그런 심리적 갈등 상태가 그의 작품 세계를 형상화하고 완성하는 데 지대한 영향을 끼쳤다는 것이 미술 평론가들의 중론이다.

 자화상은 글로 쓰든 그림으로 그리든 자신의 얼굴이나 표정, 살아온 삶의 흔적을 예리하게 관찰하고 판단하여 기록하는 형식이다. 그러면 과연 나는 어떤 자화상을 그릴 수 있을까를 생각해 본다. 그리고 내 안에 웅크리고 있는 나를 물끄러미 들여다보고 포근하게 보듬어 주면서 대화를 한다. 명제는 '나는 누구이고 지금까지 어떤 삶을 살아왔는가'를 자문자답하며 형상화해 본다.

 지금까지 살아 온 흔적을 어떻게 그려볼 수 있을까를 생각하고 지우기를 반복하며, 좀 더 솔직하게 자신에게 다가서 본다. 하지만 그 명제에 대한 답은 푸른 하늘에 흘러가는 구름처럼 두리뭉실하게 그려질 뿐 실체적인 답을 구하지 못한 채 심연에 빠져 허우적거린다.

　앙드레 말로는 "오랫동안 꿈을 그리는 사람은 마침내 그 꿈을 닮아간다."라고 하였다. 자신을 되돌아보고 생각하는 사람은 삶의 힘든 시련이 올지라도 폭풍처럼 지나가는 풍랑에 불과할 뿐이고 그것 또한 지나가는 과정이라고 생각하며 집착하지 않는다. 따라서 일상 속에서 자신의 자화상을 마음에 그리며 사는 것도 중요하다. 왜냐하면 자신이 그려 놓은 자화상처럼 살려는 마음이 자신을 움직이기 때문이다.

탐욕의 늪

　함박눈이 듬뿍 내려 어수선한 세상을 새하얗게 덮었으면 좋겠다는 생각에 창밖 정원을 바라본다. 까치 부부는 잎이 다 떨어진 앙상한 감나무 가지 위에 앉아 까딱까딱 그네를 타며 '깍~ 깍~' 소리친다. 본능적으로 주위를 경계하는 소리일 수도 있지만, 나의 관심을 끄는 소리로 들린다. 새로운 소식이 있다고 알리는 소릴까. 오늘 아침 신문과 텔레비전 뉴스에서도 온통 그 소식뿐이다.

　까치 부부는 하루에도 몇 차례씩 정원을 찾아온다. 이곳저곳 날아다니다 목이 마르면 찾아와 조그만 연못에서 졸졸 흐르는 물로 목도 축인다. 작년 늦가을 감을 수확할 때 까치밥으로 남겨놓은 연시를 콕콕 쪼아먹다 불현듯 무엇이 그리 바쁜지 인사도 없이 훌

쩍 떠나버린다. 여러 날 살펴보아도 까치는 먹을 만큼만 먹고 간다. 인간처럼 모두 가지려 하지 않는다.

인간은 다른 동물과 구별되는 한 가지 특성이 있다. 바로 '이성'이다. 사물을 올바르게 판단하고 '진위'와 '선악'을 식별하여 판단하는 능력이다. 동물과 달리 이성적인 삶을 살 때 '인간은 이성적 동물'이라는 정의가 성립된다. 그래서 이성을 잃은 행동을 할 때 '금수禽獸만도 못하다'고 한다.

이성적인 삶은 아름답고 풍요롭다. 예로부터 이성은 '어둠을 비추어 주는 밝은 빛'으로 표상된다. 이성을 벗어난 개인의 행동이나 권력자의 판단은 조금만 잘못하여도 주위를 불편하게 할 뿐만 아니라 많은 사람에게 고통을 준다. 심할 때는 국가와 사회를 혼란에 빠뜨려 국민을 분노케 한다.

욕망은 인류 발전의 원동력이다. 욕망이 없는 사람은 없다. 그 욕망은 인간에게 가장 필요한 요소이지만 동시에 비극을 만드는 요소이기에 양날을 가진 칼과도 같다. 이성적인 욕망은 살아가는 데 매우 중요하다. 하지만 옳고 그릇됨을 구분하지 못하는 비이성적인 욕망을 가진 자는 한 번 빠지면 결코 자신의 힘으로 원래 자리로 되돌아가지 못한다는 것을 알면서도 비뚤어진 탐욕의 수렁에 빠져 파멸한다.

이성을 망각하고 탐욕만 채우려는 이기적인 인간의 눈에는 아직도 에덴동산의 사과(권력, 돈, 명예, 애정 등)를 취하라고 부추기는 비이성적인 인간의 유혹에 쉽게 빠져든다. 이처럼 아직도 우리 사회가 투명하고 깨끗하지 못한 혼탁한 사회구조(청탁과 힘 가진 자의 압력 등)로 되어 있기 때문이다. 그렇기에 그들은 장차 감내할 수 없을 만큼 참혹한 비극이 기다린다는 것을 알면서 달콤한 단맛의 유혹에서 빠져나오지 못하고 탐욕을 쫓는다.

  신화와 역사 속에서도 지나친 탐욕 때문에 파멸에 이르는 크고 작은 사례를 찾아볼 수 있다. 클레오파트라는 고대 로마의 명장 카이사르를 자신의 연인으로 만들었으나 그가 죽자 또다시 안토니우스를 유혹해 로마 전체를 내전으로 몰고 갔다. 그녀는 당시 유럽 정세를 쥐락펴락했던 팜므파탈femme fatale의 대명사가 되었다. 그러나 그녀도 악티움 해전에서 패하자 결국 자결함으로써 최후의 몰락을 맞았다. 두 남자는 여인을 탐하다 로마제국을 혼란에 빠뜨렸고 그녀도 권력과 사랑 모두를 잃었다.

  니체, 릴케, 프로이트로부터 사랑을 빼앗은 세기의 뮤즈 루 살로메Lou Andreas Salomé도 여러 남자를 사랑하면서 그들에게 영감을 불어넣고 한편으로는 절망도 안겼다. 니체는 그녀와 동거하다 사랑에 빠져 정식으로 청혼하였다. 그러나 그녀는 거절하고 파울레의 사랑을 택했다. 니체는 실연의 아픔으로 한동안 고통을 받으면서도 《차라투스트라는 이렇게 말했다》를 탈고하였다. 그녀는 레와의 사랑놀이도 한순간이었고 그를 버리고 칼 안드레아스와 결혼하였다. 레는 고통을 이기지 못하고 방황하다 결국 절벽에서 투신하였다. 그녀의 탐욕이 한 철학자를 죽음으로 내몰았다. 그녀의 비이성적인 남성 탐욕은 여러 상대를 파멸로 내몰았을 뿐만 아니라 그녀 자신도 30년 동안 아무도 찾지 않는 은둔 생활로 병마와 싸우다 쓸쓸히 죽어갔다.

지금 우리 사회의 혼란스러운 사태도 한 여인이 자신의 행동에 따라 장차 처하게 될 마지막 모습을 염두念頭하지 못하고 탐욕의 늪에 빠져 허우적거리다 헤어나지 못한 결과다. 그녀의 그릇된 탐욕이 국정을 어지럽혔고 국정 전반에 깊은 상처를 남겼다. 이 사건 중심에 있는 최고 권력자도 그릇된 선택이 지금까지 쌓아온 공과를 무너뜨렸고 안타까운 기록을 역사에 남기게 될 것이다.

인간은 누구나 행복하게 살기를 원한다. 다른 한편으로는 행복해지기 위해서 산다고도 한다. 대부분 사람은 진정한 행복이 무엇인지 채 살피지도 못하고 삶의 무게에 짓눌리고 쫓기면서 허겁지겁 사는 것이 현실이다. 하지만 권력과 돈에 눈먼 사람들은 가진 것에 만족하지 못하고 더 많이 움켜쥐고 소유하는 것을 행복으로 생각한다. 그렇기에 그들은 한순간도 만족과 행복을 느끼지 못하고 끊임없이 탐욕만 쫓는다.

위정자에 들려주고 싶은 한 가지 교훈이 있다. '탐욕에 빠지면 그 끝을 멈출 수 없고 그것은 변하지 않는 짐이 되어 한평생 지고 갈 수밖에 없다'는 것이다. 이번 사태를 슬기롭게 수습하기 위해서는 정치집단 간의 이해타산에 따라 계층 간 이기심을 부추겨 갈

라놓으려 하지 말아야 한다. 서로 배척하는 세상이 아니라 하나가 되는 세상을 만들었으면 좋겠다. 그렇게만 되면 우리 사회는 한층 성숙한 사회로 발전하는 전화위복의 계기가 될 것이다. 지금까지 모두가 불편하였지만, 이번 사태를 반면교사로 삼아 더욱더 투명하고 깨끗한 사회로 발전되길 기대한다. 왜 수많은 현자가 탐욕을 멀리하고 절제를 강조하였는지를 되짚어 본다.

이 보오 저 늙은이

'100세 장수시대'가 눈앞에 다가오고 있다. 그런데 '장밋빛 미래'라고 하기엔 현실이 그리 녹록지 않은 것 같다. 텔레비전에서 지하철의 적자가 누적되고 그 원인의 가장 큰 부분이 '어르신 무임승차' 때문이라고 한다. 미디어에서 보도하는 내용을 듣고 보니 마치 늙은이가 죄인이라도 된 듯 묘한 기분이 든다.

지하철의 적자는 수입과 지출의 경영 구조를 정확하게 분석하고 적자가 어느 부분에서 가장 크게 영향을 미쳤는지를 찾아야 한다. 그리고 해결하기 위하여 어떤 방법이 최선인지를 좀 더 체계적으로 분석하여 보도하였으면 어떨까 하는 아쉬움이 있다. 불쑥 이해 당사자가 일방적으로 주장하는 자료를 근거로 문제를 제기하고 방송이 앞다투어 여과 없이 보도한다. 그렇다 보니 '늙은 이들의 무임승차 때문에 적자가 났으니 앞으로 요금을 내라'는 통고문처럼 들렸고 관련 부처는 한발 앞서 검토해 보겠다고 한다.

경영분석에서는 수입과 지출 구조를 세밀하게 분석하여 그 원인을 찾는 것이 매우 중요하다. 수입은 이용요금이라는 단일 항목이 가장 큰 비중을 차지하지만, 지출에서는 인건비와 복리후생비 그리고 시설 운영과 유지보수비용 등이 큰 비중을 차지한다. 특히 조직 운영의 효율성과 생산성 인건비의 구성과 수준이 왜곡된 구조로 되어 있을 때 나타난 적자를 수입 구조의 문제라고 일방적으로 제기하면 잘못된 자료를 바탕으로 한 일방의 주장일 뿐이다.

보도 내용이 과연 체계적인 분석에 따른 것인지 뉴스를 접하면서 감독기관과 보도 매체에 불신이 생긴다. 그리고 '이 문제를 연령계층별로 어떻게 생각하느냐'는 식의 의견 청취 보도가 과연 바른 보도였는지 되묻고 싶다. 이런 보도 때문에 세대 간, 노노老老 간의 갈등이 유발될 수 있다는 것을 왜 모를까. 며칠 전 동창 모임에서도 이 뉴스가 이야깃거리의 중심이 되었다. 성숙한 민주국가로 발전하기 위해서는 알 권리 충족도 중요하지만 간 보기식의 보도는 자제되어야 한다. 자칫 잘못하면 국민통합이 아니라 계층 간의 갈등으로 이어질 수 있기 때문이다.

우리나라는 이미 고령 인구가 세계에서 가장 가파르게 증가하는 나라로 유엔과 여러 국제기구에서 관심을 가지고 지켜보고 있다. 그들이 살펴보는 이유는 저개발국가와 개발도상의 많은 국가가 앞으로 우리와 같은 전철을 밟을 것으로 예상하기 때문이다.

의료보장체계는 경제 수준에서 지급할 수 있는 능력보다 앞서는 제도와 관리 운영체계를 구축하였고 계층 간의 평등 제공이라는 사회보험의 원칙만 아니라면 어려운 계층에 더 높은 수준의 서비스도 제공할 수 있는 제도적 여력도 있다. 그러나 소득보장에서는 공적 연금제도가 구축되기 이전인 60~70년대 어려운 시대에 청춘을 불사르며 지금의 경제적 기반을 만드는 데 기여하였음에도 특정 계층과 집단을 제외하고는 그 혜택을 받지 못하는 사각지대가 있는 것도 엄연한 사실이다. 그런데도 이들에 대한 사회적 배려가 많이 부족하다. 이런 부분에 대한 대승적 차원의 논의 없이 단순하게 경제적 논리로만 바라보는 것이 안타깝다.

재원은 무한한 것이 아니라 유한하다. 물론 관리과학적 운영과 자구 노력으로 어느 정도 부족한 것을 보전하거나 채울 수도 있겠지만 이것 또한 한계가 있다. 그렇다고 하여 수익자 부담원칙에 따라 지금까지 누렸던 복지혜택을 거둬들인다는 것도 그들을 벼랑 끝으로 몰아붙이는 처사다. 대안은 없을까 찾아보면 불필요한 예산을 줄인다면 그 정도 재원을 충당할 능력을 갖추고 있는 것 또한 현실이다.

국가의 재정 운영은 한정된 자원을 국민의 안전과 복리 증진을 위하여 효율적으로 분배하고 공명정대하게 집행하는 것이라고 할 수 있다. 그러나 작금의 현실에서 원칙이 제대로 이루어지고 있는지를 정치행정가들에게 꼭 묻고 싶다. 한때 어려운 시대에 오늘의 부와 영광을 누릴 수 있도록 청춘을 불사른 늙은이들이 지금 힘겹게 살고 있다. 이들을 보듬고 위로할 수 있는 솔로몬의 지혜가 필요하다.

가파른 고령 인구의 증가로 우리 사회 여러 분야에서 오래전부터 문제가 발생하고 있었다. 지하철 무임승차는 그중 작은 한 부분일 뿐이다. 우리 사회 지도자들은 무슨 일이든지 곪아서 터질 때까지 알려고 하지 않고 알아도 폭탄 돌리기처럼 이리저리 돌리기만 한다. 그러다 보니 문제가 커져 심각한 수준에 이르러서야 호들갑을 떨며 난리를 피운다. 그러다 대중이 앞서 떠들지 않으면 그냥 덮고 또 미루기도 한다.

우리보다 앞선 선진국에서도 가장 두려워하였던 것이 고령사회 도래에 따른 제반 문제를 어떻게 해결할까 하는 고민이었다. 행정안전부는 65세 이상 주민등록 인구가 전체 인구에서 차지하는 비율이 14%를 넘었다고 밝혔다. 이 통계를 기준으로 볼 때 우리나라는 2000년 고령화 사회(Ageing Society)로 진입한 이후 십칠 년 만에 고령사회(Aged Society)가 되었다.

그동안 미리 예견되었음에도 준비하지 않은 것이 '개인 문제'인가 아니면 '사회 문제'인가. 이것은 분명 누구보다도 의사결정권을 가지고 있는 지도자들이 가장 책임이 클 것이다. 그런데 그들은 왜 아직도 침묵하고 있는가. 그러면서도 그들이 자주 변명하는 말이 있다. 예산이 부족하다고 하거나 이것보다 우선순위가 앞서는 일들이 많아서 그렇다고 한다.

정치와 행정의 주된 행위는 한정된 자원을 국민의 복리와 안녕을 위해 효율적으로 계획하고 집행하는 것이다. 지금도 엉뚱한 곳에서 누수 되는 국가 예산 부문이 많이 있다. 이런 부분을 잘 알지 못하고 관리할 여건이 되지 못한다면 그 권한을 전문가 집단이나 국민에게 왜 주려고 하지 않는지 이해가 되지 않는다. 계륵이다.

간혹 극도의 빈곤에 시달리던 홀몸 노인이 질병을 비관해 스스로 목숨을 끊는다거나 노인이 병시중하던 배우자의 목숨을 거두고 자신도 스스로 극단적 선택을 했다는 끔찍한 사건을 보았다. 이처럼 많은 노인은 그들의 삶을 암울하게 만드는 '빈곤 · 질병 · 고독'이라는 삼중고에 시달리고 있다.

노후생활의 경제적 어려움은 전통적인 노부모 부양 체계가 붕괴하고 산업화 · 도시화에 따른 가족의 분리와 핵가족화, 노후생활에 대한 심적 · 물적 준비 부족, 정부의 노후생활 지원 대책의 미흡 등 여러 가지 이유를 들 수 있다. 문제는 대부분 노인은 스스로 빈곤 문제를 해결할 능력이 거의 없다는 점이다.

어렵고 힘들었던 시절, 지금의 노인들이 젊은 시절 피땀 흘려 열심히 일한 덕분에 오늘의 풍요가 있지 않은가. 전쟁과 폐허 가난

속에서 각고의 노력으로 지금의 경제적 부를 이뤘다. 노인들이 진정 우리 사회의 현재를 있게 한 주인공이었음을 부인할 수 없다. 그들이 과거 열심히 일한 대가를 국가와 사회 젊은이들이 결코 잊어서는 안 된다.

예로부터 경로효친 사상은 한국적 가치의 핵심이고 세계적으로 자랑할 만한 고유 사상이자 가치관이었음을 상기하자.

이고 진 저 늙은이 짐 벗어 나를 주오
나는 젊었거늘 돌인들 무거우랴
늙기도 서럽거늘 짐조차 지실까.

이 시대에 새겨들어야 할 《훈민가》訓民歌의 한 수다.

오래전 정치인이 선거에서 젊은이의 표를 의식하여 노인 뒷방 발언으로 홍역을 치른 적이 있다. 아직도 그 정치인이 젊은지를 묻고 싶다. 연령계층 간의 갈등을 유발하지 말아야 한다. 그리고 젊은이들에게 한마디하고 싶다. '노인'은 '젊은이들의 미래'라는 또 다른 이름임을 잊지 말자.

인연

1. 인연

살다 보면 헤아릴 수 없을 만큼 많은 만남이 있다. 길을 가다 우연히 마주치거나 옷자락이 스치는 만남에서부터 친구와 만남, 연인과 만남, 가족과 만남 등 수없이 많다. 그 만남은 우연일 수도 있고 필연일 수도 있다. 그러나 스쳐 가는 만남은 우연일 수 있으나 태어날 때 맺어지는 부모와의 만남은 하늘이 맺어준 필연이다.

노사연의 노래 〈만남〉에서 연인들은 만남이 우연이 아니라고 한다. 하지만 너무 쉽게 만나고 헤어지는 연인들을 보면 어찌 필연이라고 하겠는가. 필연적 만남에는 인과관계가 있어야 하는데 이것을 인연이라 한다. 사전에는 인연을 "사물들 사이에서 맺어지는 관계"라고 한다. 그러나 불가佛家에서는 모든 것이 생기生起하거나 소멸消滅하는 데는 반드시 원인이 있다고 한다. 그 원인에서 생멸生滅에 직접 관계하는 것을 '인'因이라 하고 인을 도와서 결과를 낳는 간접적인 조건을 '연'緣으로 구별한다. 그러나 무엇이 인이고 무엇이 연인가를 구분하기는 쉽지 않다.

좋게 맺어진 인연을 이야기할 때 '옷깃만 스쳐도 인연', '천생연분', '짚신도 짝이 있다'와 같은 표현을 한다. 불가에서 인연은 어떠한 존재(사람, 사물 등)든 그 자체로서 존재할 수 있는 것이 아니라 끊임없이 서로 관계하며 변한다고 한다. 불교 경전 《잡아함경》雜阿含經에는 인과관계를 "이것이 있으므로 저것이 있고(此有故彼有), 이것이 일어남에 저것이 일어나고(此起故彼起), 이것이 없으므로 저것이 없고(此無故彼無), 이것이 멸함에 저것이 멸한다(此滅故彼滅)"라고 한다. 이 말은 콩을 심으면 콩이 나고 팥을 심으면 팥이 나는 이치로 콩과 팥이 인이라면 물과 바람과 햇볕과 흙은 연이 될 수 있다. 좋은 인에 좋은 연이면 좋은 인연으로 만나게 되어 좋은 열매를 맺게 될 것이지만 나쁜 인에 나쁜 연이 만나게 되면 악연이 되어 서로에게 상처가 되고 나쁜 열매를 맺게 된다는 부처의 가르침이다.

2. 여행

　지난해 시월 중순, 아내와 함께 17개월 된 손자를 데리고 괌에 갔다. 괌은 거제도만 한 섬으로 인천에서는 네 시간 남짓 비행하면 열대 기후와 식물, 느리게 사는 원주민 차모로족을 만날 수 있다. 팔 년 전 첫 손자를 얻은 기쁨에 가족이 함께 여행한 후 두 번째다. 덥기는 하지만 맑은 공기도 좋고, 조용하고 느리게 사는 모습이 아름다워 다시 찾았다.

　지난번 여행에서는 하갓냐 중심에 있는 하얏트 호텔에 머물렀으나 이번에는 편안하게 쉬고 싶어 중심지에서 떨어진 곳에 있는 쉐라톤 호텔을 예약하였다. 하루 전에 출발하려고 하였으나 괌 지역 적도에서 발원한 태풍 때문에 일정에 차질이 생겼다. 다음날 공항에서 기다리던 중 어제 태풍으로 출발하지 못한 승객을 위한 임시 항공편이 있어 다행이었다.

　일정이 하루 미루어진 다음날 새벽 한밤중에 도착하였다. 공항 밖으로 나오자 열대 고온다습한 밤공기가 한국 가을 공기와는 너무 달랐다. 택시를 타고 호텔로 갔다. 체크인 과정에서 예기치 않은 일이 생겼다. 어제 도착하지 않아 예약한 객실이 취소되어 방이 없다고 한다. 자정을 훨씬 넘긴 깊은 밤 어디서 잠을 자야 할지 망막하였다. 이런 경우는 처음이다. 최악에는 호텔 로비에서 유숙해야 할 형편이 되었다.

호텔 직원에게 기상이변으로 일정이 밀렸을 뿐이지 취소한 적이 없고 숙박비도 이미 결제하였다고 항변하였다. 분주하게 여기저기 전화를 하던 직원이 "좀 전 체크아웃한 방이 하나 있는데 20분쯤 기다리면 그 방을 청소하여 주겠다."라고 한다. 다행이다. 순간 걱정이 해결되자 짓눌렸던 불안감이 사라졌다. 영문도 모르는 손자는 유모차에서 깊은 잠에 빠졌다.

객실 청소가 끝나 열쇠를 받아 방으로 갔다. 온몸에 피로가 밀려왔다. 손자가 깨지 않게 살포시 침대에 뉘었다. 짐을 대충 정리하고서야 깊은 밤의 정취를 느낄 여유가 생겼다. 앞바다는 언제 태풍을 만들어 북쪽으로 보냈느냐는 듯 고요하다. 적막감에 잠든 잔잔한 파도 위에 달빛은 쪽배를 타고 출렁거린다. 밤하늘에는 은하수의 흐린 별빛이 은은하게 강물처럼 흐른다. 창문을 열자 습하고 비린 열대 바다 냄새가 방안을 덮친다.

다음날 차를 빌리러 갔다. 아내가 지도에 성당 위치를 표시해 달라고 하였다. 직원은 "정글에 있어 초행길에 찾아가기 어렵고 전화하면 누군가가 데리러 온다."라며 전화번호를 알려 주었다.

오후에 남부 일주도로를 따라 드라이브하다가 원주민이 사는 시골 마을 해변 갓길에 차를 세웠다. 눈이 시리도록 맑은 청록의 에메랄드빛 바다와 파도타기로 젊은 청춘을 만끽하는 윈드서핑족 그리고 인어처럼 자유롭게 유영하는 스쿠버다이버를 바라보는 것만으로도 적도 바다의 낭만을 느낄 수 있었다.

돌아오는 길에 현지인이 즐겨 찾는 레스토랑에서 베지로코모코 Veggie Loco Moco라는 원주민 음식을 주문하였다. 옆자리에 앉아 있던 팔십 대 중반의 현지인이 "어디서 왔느냐?"며 묻는다. 한국에서 왔다고 하자 자신이 미 해군으로 6·25 참전용사라며 자랑한다. 우리 정부 초청으로 두 차례 한국을 다녀왔다며 한국의 경제 발전상을 이야기하면서 엄지를 치켜세운다.

3. 만남

토요일 오후 렌터카 회사 직원이 알려준 번호로 몇 차례 전화를 걸었으나 연결되지 않는다. 전날 남부를 드라이브하고 돌아오는 길에 현지인 성당의 위치와 미사 시간을 미리 알아 두었기에 별로 걱정은 없다.

평상시에는 아침 이른 시간에 일어난다. 하지만 이번 여행은 여유로움을 즐기고 싶어 여덟 시가 다되어 일어났다. 호텔에서 멀지 않은 원주민 성당에 갈 계획으로 손자와 장난치고 있었다. 아내가 다시 한 번 한인 성당에 전화하라고 재촉하여 전화를 걸었다. 신호음이 몇 번 울린 후 굵직한 목소리의 남자가 전화를 받았다.

"여보세요. 한인 성당이지요?"

"예 맞습니다."

"여행객인데 몇 시에 미사가 있습니까? 어떻게 찾아가야 하나요?"

"여행객은 이곳을 찾기가 어렵습니다. 머무는 숙소가 어딥니까?

"쉐라톤 호텔입니다."

"미사는 열 시 삼십 분에 있으니 이분께 전화하면 픽업해 줄 겁니다." 하고 전화번호와 이름을 알려주었다. 듣는 순간 내가 알고 있는 후배와 이름이 같다는 생각이 들었지만, 동명이인이겠지 생각으로 흘려들었다. 잠시 후 전화를 걸었다.

"여보세요? '아무개' 선생입니까?"

"예, 맞습니다. 누구시죠?"

"주일미사를 드리려고 하는데 길을 몰라 전화를 드렸습니다."

"호텔에 계시면 아홉 시에 그곳으로 가겠습니다." 하고 전화를 끊었다.

서둘러 채비를 마치고 그 시간에 맞춰 로비로 내려갔다. 이미 그곳에는 다양한 언어로 대화하는 많은 관광객이 어디론가 떠나기 위해 어수선하였다. 두리번거리다 로비 한쪽에서 누군가를 기다리는 듯한 남자에게 시선이 멈췄다. 서로 눈이 마주치는 순간 혹시 픽업 온 사람이 아닐까 생각하면서 발걸음을 옮겼다. 마중 온 분이 맞았다. 수인사하고 트렁크에 유모차를 싣고 앞자리에 앉았다.

"한국 어디에 사십니까?"

"수원에 살고 있습니다."

"저도 수원 사람입니다."

"아! 반갑습니다." 하고 명함을 주었다. 그는 명함을 받아 보는 순간 "형님 접니다." 온몸에 전율이 돌았다. 후배는 흥분을 가라앉히지 못하고 더듬거리며 "이거 어떻게 이렇게 형님을 만나다니 놀라울 따름입니다. 말을 더듬으며 형님! 몇 년 만입니까?" 하고선 더는 말을 이어가지 못하고 두 손을 꽉 잡은 채로 서로 얼굴만 쳐다보았다.

4. 회상

후배는 전국체육대회 고등부 경기도 대표로 출전할 정도로 실력이 수준급인 테니스 선수였다. 그 무렵 대학생이었던 나는 영어를 배우기 위하여 평화봉사단원으로 활동하던 미국 친구들이 있었다. 가끔 주말에는 그들과 함께 후배 학교 테니스 코트에서 운동하며 만났다. 후배는 착하고 붙임성도 있어 동생처럼 좋아했고 그도 '형님' 하며 따랐다. 운동 후에 식사도 함께하고 때로는 집으로 초대하여 우정을 쌓았다.

군 복무와 졸업 후 서로 연락이 끊어졌다. 후배는 건설회사에 취업하여 중동에 근무하다 미국지사로 갔다는 소식을 들었다. 아

쉽게도 그 이후 더는 만남이 이어지지 않았다. 단지 함께하였던 추억과 이름 석 자만 뇌리에 남아 있었다.

연락이 끊어진 지 43년의 세월이 지났다. 까까머리 고등학생이었던 후배가 머리카락이 희끗희끗한 육십 대 초로初老의 나이에 그것도 우리나라가 아니고 이 넓은 지구 중에 고작 인구 15만 명이 사는 적도의 조그만 섬에서 만났다는 것은 기적이었다.

5. 주일미사

그동안의 살아온 이야기를 하다 보니 열대 숲속에 있는 성당에 도착하였다. 성당 입구에서 신자들을 맞이하는 신부에게 후배는 흥분된 어조로 "신부님! 43년 만에 만난 고향 선뱁니다."라고 하며 소개하였다. 신부는 "아침에 전화를 제가 받았습니다. 여행 오면 주일미사 참례가 쉽지 않은데 하느님이 축복하신 겁니다." 하며 만남을 신앙심과 연계하였다.

미사 전례는 한국과 같으나 교민들의 성당이라 그런지 나름 신앙적 응집력이 강하다는 것을 느꼈다. 미사를 마치기 직전 공지사항 시간에 신부는 "오늘 미사에 한국에서 여행 온 한 가족이 참석하였습니다. 사목회장의 고향 선배 가족인데 호텔로 픽업 갔다가 43년 만에 만났다고 합니다. 이 가족을 위하여 우리 함께 축하 노래 부릅시다." 하자 교우들은 "축하합니다! 사랑합니다!"라는 노래를 불러주어 길이 남을 추억이 되었다.

저녁에는 신부와 후배 부부를 초대하여 식사를 함께하였다. 식사 전 기도를 마치고 신부는 "두 분이 만난 것은 우연이 아닙니다. 서로 특별한 인연이 있었기에 만나게 된 것입니다." 하며 만남의 의미를 부여하였다. 그리고 "계산해보지 않았지만, 확률적으로도 로또에 당첨되기보다 더 어려울 것입니다."라며, 재회를 축하하면서 이제 연락이 끊어지지 않게 인연의 끈을 놓치지 말라고 하였다.

6. 인연의 끈

불가에서 '옷깃만 스쳐도 맺어지는 인연이 되기 위해서는 전생에 삼천 번의 만남이 있어야 한다'고 말한다. 그렇다면 43년 만의 만남은 도대체 전생에서 몇 번의 만남이 있어야 할까. 돌아오는 비행기에서 〈인연〉이란 수필이 떠올랐다. 금아琴兒 자신이 일본 유학 시절 '아사코'라는 여인과 얽힌 아름다운 회상을 치밀하고도 깔끔하게 표현한 자전적 작품이다. 금아는 이십여 년 동안 아사코와 세 번의 만남에서 변하는 여인의 모습을 색이 아름다운 꽃으로 묘사하였다.

43년 만의 만남은 10대 후반과 20대 초반 앳된 만남에서 헤어져 듬성듬성한 흰 머리카락으로 변한 육십 대에 만났다. 그간 긴 세월의 흐름이 있었지만 이렇게 우연이 아니라 필연처럼 다시 만날 수 있었다는 것은 서로 깊은 인연이 있었기 때문일 것이다. 젊은 시절 만남에서 서로 좋은 인연으로 맺지 못하였다면 그 어디에서도 만날 수 없겠거니와 설사 다시 만났더라도 모른 척 피해 갈 수밖에 없었을 것이다.

포웰J. Powell은 《실존주의 심리학》에서 "만남encounter이란 두 사람 사이의 특별한 관계를 뜻하는 것"이라고 하였다. 즉 만남은 있는 그대로의 한 인간 실존이 있는 그대로의 다른 인간 실존과 만나 사적으로 의미 있는 의사소통과 친교로 참된 융합을 나타내는 것이라고 하였다.

금아 선생은 "어리석은 사람은 인연을 만나도 몰라보고 보통 사람은 인연인 줄 알면서도 놓치고 현명한 사람은 옷깃만 스쳐도 인연을 살려낸다."라고 하였다. 이번 여행에서 뜻하지 않은 후배와의 만남은 젊은 시절 아름다운 우정으로 쌓았던 인연을 이제부터는 끊어지지 않는 단단한 동아줄로 동여매어야 할 것 같다.

생각이 변하면 인생이 달라진다. 일상의 삶 속에서
많이 움켜잡는 것보다는 만족할 줄 아는 마음을
가져보면 어떨까. 숲이 울창하고 호젓한 숲길을
걷다 보면 피톤치드가 가득한 맑은 공기를 누구나
허락 없이 맘껏 마실 수 있다. 그리고 도시의 기계
음에서 벗어나 자연의 소리와 어우러져 싱그러움
을 느낄 수 있다.

― 〈보약 같은 걷기 운동〉 중에서

커피 한 잔의 정감情感

　도심을 걷다 보면 한 집 건너 한 집이 커피숍일 만큼 그 수가 많다. 그 앞을 지나다 보면 커피 향이 허락 없이 콧속을 침범하여 침샘을 자극한다. 순간 발걸음이 멈춰진다. 시간이 자유로울 때는 향기의 포로가 되어 커피 한 잔의 여유를 즐긴다. 바리스타는 바쁜 손놀림으로 연신 머신에서 커피를 내리느라 분주하고 커피 향이 코를 자극한다. 마치 현악 3중주의 감칠맛 나는 리듬처럼 서로 다른 향의 조화로움에 감각세포가 춤을 춘다.
　높낮이를 자유롭게 유영하는 맹금류의 제왕 독수리처럼 강렬하면서도 짙은 향과 맛을 느끼게 하는 커피의 원조로 남유럽 사람들이 즐기는 에스프레소. 선비가 시류에 흔들리지 않고 초지일관

곧은 자태와 기풍을 지키는 청학靑鶴 같은 커피의 고향 아메리카노. 조류이지만 천적이 없어 날 필요가 없어지자 퇴행하면서도 진화한 키위 새Apterygiformes처럼 고유의 맛에서 살짝 벗어났지만 달콤하면서도 감칠맛 나는 카푸치노와 카페라테.

이렇듯 커피는 다른 식품과 달리 거부하기가 쉽지 않은 독특한 맛과 향의 매력 때문에 현대인의 삶에서 포기할 수 없는 기호식품으로 자리 잡았다. 누군가 커피는 맛으로 마시는 것이 아니라 향으로 마신다고 하듯이 향은 뇌리에 깊은 자극을 심어 마니아를 자신의 포로로 만들어버린다. 솔솔 피어나는 향을 음미하며 한 모금 입속에서 느끼는 그 맛은 이제 하루도 거를 수 없는 일상의 즐거움이다. 이처럼 커피는 향만으로도 충분히 마실 만한 이유가 되지만 그보다 건강에 유익한 것이 많이 함유되어 있다.

몇 년 전 산티아고 순례 길을 걸을 때 아침 일찍 별을 보고 출발하여 해가 뜬 후 만나는 첫 번째 카페나 레스토랑에서 커피 한 잔과 빵 조각으로 대충 아침을 해결하였다. 한 달 이상 일상처럼 스페인식 '카페 콘 라체'cafe con lache를 즐기다 보니 어느덧 그 향과 맛에 취하여 순례를 마치고 돌아와서도 쉽게 지워지지 않는 그리움이 남아 있다. 가끔 카페 옆자리에서 유럽 순례자들이 마시는 '카페 솔로'Cafe Solo의 향이 솔솔 퍼질 땐 진하면서도 깊은 향 때문에 마시고 싶은 충동도 일었다. 하지만 위염이 있어 어쩔 수 없이 커피 향을 느끼는 것으로 만족해야 했다.

커피는 보건 의학적으로 여러 가지 좋은 성분을 가지고 있다. 그동안 이 분야 전문가에 의한 다양한 연구가 진행되었고 밝혀진 것만 살펴보아도 몸에 유익한 것이 제법 많다. 그러나 커피 속에 좋은 성분이 있다고 하여도 다다익선多多益善이 아니기 때문에 많이 마시는 것보다 적당히 마시는 것이 좋다. 특히 커피에 함유된 카페인은 우리 몸에 순기능도 있지만, 위 기능이 좋지 못한 경우에는 역기능으로 부작용이 생길 수도 있다. 카페인은 위산 분비를 촉진하여 위장관 질환에 영향을 미친다는 것은 널리 알려진 사실이다.

카페인은 단기적으로는 각성상태를 촉진하고 집중력 기억력 운동능력을 향상하고 긴장성 두통이나 편두통에도 진통 효과가 있다. 하지만 불안 손 떨림 불면 등의 단기 부작용이 있을 수 있고 하루에 여러 잔을 마시면 만성 편두통이나 반동성 두통에 시달릴 수도 있다. 그렇다면 매일 마시는 커피가 내 몸에 이로울지 아니면 해로울지를 한 번쯤은 짚어보고 마시면 어떨까. 결론부터 말하면 커피는 양면성이 있다. 적당히 마시면 건강에 '득'이 되지만 많이 마시면 오히려 '해'가 될 수도 있다.

커피가 사람 몸에 미치는 영향에 관한 연구로 '뉴잉글랜드 저널 오브 메디신'의 조사에 의하면 하루 2~3잔 마시는 사람의 경우 1잔 마시는 사람에 비하여 심장질환 호흡기질환 뇌졸중 사고나 손상 당뇨 감염 등으로 인한 사망률이 낮았고 모든 사망원인을 포함한 전체 사망률도 낮은 것으로 조사되었다.

건강한 성인은 하루 3잔 이내로 마시는 것이 커피로 인한 실보다 득이 더 크다는 결론이다. 이 결과는 각 개인의 특성을 고려하지 않은 결과이기 때문에 스스로 그 양을 판단하는 것이 중요하다. 따라서 커피는 적당량을 마셔서 얻을 수 있는 건강상의 이익이 질병에 걸릴 위험보다 많다는 권고로 받아들이면 될 것 같다.

커피는 장수에도 도움을 주는 것으로 조사되었다. 장수마을을 연구한 결과를 보면 그곳 사람들의 식습관 중 하나로 커피를 즐겨 마셨다는 것이다. 세계 5대 장수 지역 중 코스타리카 니코야 반도와 그리스 아카리아 섬 그리고 이탈리아 사르드나 등 3곳에 사는 사람들은 모두 커피를 자주 마신다는 공통점이 있다. 실제로 이와 관련된 연구도 있다.

지난해 국제암연구소와 임페리얼 칼리지 런던의 공동연구팀은 50여만 명을 대상으로 한 대규모 코호트 연구 결과 하루 3잔 커피를 마시는 사람의 평균수명이 그렇지 않은 사람보다 길었다는 결과를 얻었다. 물론 커피를 마신다고 반드시 생명이 연장된다고 단언할 수 없지만, 커피의 순기능이 그것과 연관된 질병으로 인한 사망위험 감소에 이바지하였는지를 찾는 연구 결과다.

커피 소비량이 증가하면서 상업적으로 다양한 상품화가 진행되고 있다. 커피의 향과 맛을 풍부하게 하려고 첨가물의 양이 증가하고 있다. 커피 믹스를 마실 때처럼 함유된 당류의 함량을 생각하지 않으면 자칫 과다한 당 섭취로 건강 피해가 발생할 수 있다. 특히 음료에 포함된 설탕이나 액상 과당류를 많이 섭취할수록 체중 증가와 심혈관질환 등 대사이상 질환의 위험이 커진다. 그리고 단 음료를 많이 마시면 당뇨병뿐만 아니라 췌장, 위, 간 등 소화기 암까지 발생할 수 있다는 경고도 있다.

당류를 자주 그리고 많이 섭취하면 우리 몸에서는 '오글루넥'O-GluNAc이라는 당 분자가 만들어지는데 그중 일부가 암을 억제하는 단백질 세포에 달라붙어 그 기능마저 파괴함으로써 암을 유발할 수 있다는 의학적 근거도 있다. 따라서 하루에 3잔 이내 마시는 것이 안전하다는 것이 많은 연구자의 공통된 결과다.

위장 질환이 있으면 피하거나 묽게 마시는 것이 좋고 위산의 과다분비를 예방하기 위해서는 공복보다 식사 후 1시간 정도 지나서 마시는 것이 좋다. 그리고 매일 마시는 커피가 건강에 도움이 되길 기대한다면 설탕이나 크림 그리고 각종 인공 첨가물을 피하는 것이 더욱 좋다.

창밖에는 새벽부터 겨울을 재촉하는 가을비가 내린다. 미국 북서부 오리건주의 시골 마을 카이저에 내리는 가을비도 계절의 바뀜을 미리 알려주는 전령사와 같은 느낌이 우리나라와 같다. 블루투스 스피커에선 시각 장애 가수 호세 펠리시아노의 어쿼스틱한 음향의 〈Rain〉이 흐른다. 따끈한 커피 한 잔이 있으면 더 잘 어울릴 것 같은 분위가 연출된다. 글쓰기를 멈추고 창밖을 바라본다.

아내가 아라비카 향을 퍼뜨리며 방금 내린 커피를 배달한다. 한 박자 쉬어가기로 하고 커피 한 모금을 머금고 잠시 호사를 누린다.

습관적으로 마시는 커피는 아무런 의미를 주지 못할 때도 있다. 오늘 같은 분위기는 집 떠나 이곳에 온 지 석 달이 지났고 가을비까지 내리다 보니 다른 날과 달리 커피 향에 그리움이 젖는다. 이렇듯 커피는 마시는 장소와 분위기에 따라 느낌이 달라지지만 때로는 이처럼 정서적으로 편안함을 준다.

나폴레옹은 이집트 전투를 회상하면서 터키인들과 밤새도록 종교 문제를 이야기할 때 졸지 않으려고 커피를 일곱 잔이나 마셨다는 일화가 있고, 하인리히 야콥은 《커피의 역사》에서 "커피 한 잔은 경이롭고 놀라운 관계의 집합체"라고 예찬한다.

커피는 부부가 대화하면서 친구와 우정을 나누면서 연인과 사랑을 속삭이면서 구매자와 멋진 거래를 기대하면서 오늘처럼 비 오는 날 혼자 고독에 잠기면서 등등 어떤 만남이나 이유에서도 잘 어울린다. 그렇기에 지구촌에서 물 다음으로 많이 마시는 음료가 된 것이 아닐까.

가을비가 자박자박 내린다. 빗소리의 정감情感에 어울리는 음악을 들으며 몽상에 빠진다. 지금까지 살아온 날보다 살아갈 날이 짧아 초라해진 나를 발견한다. 하지만 이 순간이 결코 슬프진 않다.

그동안 하루하루를 너무 빨리 그리고 바쁘게 앞만 쳐다보며 달렸다. 일상으로 마셨던 커피 속에 이처럼 그윽한 향기가 있다는 것도 알지 못하였고 계절마다 내리는 빗소리를 느낄 마음의 여유도 없었으며 슬퍼도 흘릴 눈물조차 없었다. 이제 아름다운 세상을 바라볼 수 있는 넉넉한 시간의 여유를 가졌고 아울러 그것들을 바라보고 채울 수 있는 마음의 빈 곳도 생겼다.

세상은 역시 아름답다. 그리고 그 무엇인가를 사랑할 수 있는 마음의 여유가 있기에 이 순간이 행복하다. 가을비의 속삭임이 귓전을 적신다. 어느덧 커피 향에 젖은 마음은 추억의 오솔길을 뚜벅뚜벅 걷는다.

탄수화물은 '건강의 적'이 아니다

　삶이 윤택해지자 건강에 관심이 부쩍 늘었다. 특히 먹거리와 관련하여 건강에 좋은 것은 먹고 그렇지 못한 것은 피함으로써 스스로 건강을 지키고자 한다. 이런 시류에 편승하여 건강 관련 상품을 제조하는 회사들은 마케팅을 경쟁적으로 펼치고 소비자는 무분별하게 넘쳐나는 정보 속에 그대로 노출된다. 마치 망망대해에 방향을 찾지 못하는 쪽배와 같다.
　요즈음 TV나 인터넷 포털 사이트 그리고 각종 언론 매체에서도 경쟁적으로 건강 관련 정보를 보도한다. 이처럼 다양한 정보에는 유익한 것도 있지만 그렇지 못한 예도 있다. 특히 광고나 마케팅 자료에는 판매 전략에 치우쳐 편향되거나 왜곡된 것이 많아 자칫

하면 건강 피해로 이어질 수 있다.

몇 년 전 한 지상파 방송에서 '지방의 누명'이란 제하의 프로그램을 방영하면서 전국적으로 '저탄수화물-고지방'(LCHF) 다이어트 열풍을 일으켰다. 그리고 얼마 지나지 않아 식품회사들은 그럴싸한 자료로 포장한 관련 상품들을 경쟁적으로 판매하였다. 당시 이 식이요법이 보건의학적으로나 식품영양학적으로 완전히 검증된 것이 아니었기에 위험성을 경고하는 전문가의 목소리도 만만치 않았으나 그 열풍을 잠재우지 못하였다.

방송 이후 각종 미디어에서 다양한 다이어트 요법까지 다루게 되어 자연스레 식이요법은 화제가 되었다. 특히 미디어에서 뜨겁게 다룰수록 과체중군에 속하는 사람들은 실천하는 사례가 늘었고, 이 과정에서 '탄수화물'은 건강의 적이나 되는 듯 피하는 영양소가 되었다.

어느 날 친구들이 모여 삼겹살에 소주를 곁들이는 회식 자리에서 한 친구가 오늘은 밥은 먹지 말고 삼겹살만 실컷 먹자고 제안하였다. 왜 그래야 하는지를 묻자 친구는 "탄수화물은 건강의 적"이라고 하면서 방송 내용을 이야기하였다. 비전문가로서 자기 편한 것만 듣고 전체를 이해하지 못하였다고 볼 수도 있지만, 방송 내용 중에는 일반인이 이해하고 받아들일 수 있는 그 벽을 넘지 못한 것 같았다.

다이어트는 표준 체중을 어느 정도 초과한 사람들에게 관심이 많다. 비만은 '대사에 필요한 열량을 초과 섭취하여 몸에 체지방이 쌓인 상태'로 '에너지 대사의 불균형'이 대표적인 원인이다. 여기에서 두 가지 중요한 키워드는 '과도한 열량 섭취'와 '체지방 축적'이다. 따라서 다이어트는 이 두 가지 관점에 맞춰 그 방법을 찾아야 하고, '저탄수화물, 고지방'만이 좋다는 단순한 선택은 자칫 건강을 해칠 수 있다. 이 요법은 2008년 스웨덴의 안니카 돌크비스트라는 여의사가 실천한 경험을 소개하면서 잠시 열풍이 불었고 우리나라에서도 2016년 늦게 그 열풍이 잠시 일었다.

인체 3대 영양소는 탄수화물, 단백질, 지방이다. 건강을 위해서는 이상적인 비율로 섭취하는 것이 제일 좋다. 세계보건기구는 큰 틀에서 이들 영양소의 비율을 정해 놓았고 회원국은 그 틀 안에서 식습관의 형태와 문화 등을 고려한 3대 영양소의 구성을 권고한다. 우리나라는 하루 소비에너지 총량을 개인차를 고려하여 탄수화물 30~40%, 단백질 30~40%, 지방 20~30%의 구성비를 고려하여 섭취하면 적당하다.

탄수화물은 소화흡수가 가장 빠르고 운동 에너지원으로도 가장 먼저 사용되며 몸에서 완전하게 연소하는 장점이 있다. 분자의 크기와 구성에 따라 탄수화물은 단당류, 이당류, 다당류로 나눈다.

단당류는 분자의 크기가 가장 작은 형태로 포도당, 과당, 갈락토스 등이 있다. 이당류는 2개의 단당류가 결합한 형태로 단당류보다는 분자의 크기가 크다. 여기에는 자당, 맥아당, 젖당 등이 있다. 다당류는 단당류가 3개 이상 결합한 형태로서 전분, 글리코겐, 섬유소 등이 있으며 체내흡수가 가장 느리다.

현대인들에게 관심이 많은 융해성 섬유소는 혈중 콜레스테롤의 수치를 낮추기 때문에 혈관질환을 예방하는 데 유용하고 이 성분이 풍부한 식품은 오트밀, 콩, 감자, 과일에 많이 있다.

비융해성 섬유소는 식물 세포벽에서 추출한 것으로 체내에서 소화되지 않고 수분만 흡수하여 장에서 음식물의 이동을 원활하게 하고 머무는 시간을 줄여준다. 이런 종류의 섬유소는 결·직장암을 예방하거나 억제하는 데 도움을 준다.

식물성 식품에는 두 종류의 섬유소가 존재하지만, 고단백－고지방의 동물성 식품인 육류에는 없고 대장암 발생을 구명하기 위한 역학조사에서 유병자 대부분은 동물성 식품을 선호한 사람이었다는 공통점이 있다.

어떤 다이어트 용법이든지 체중을 줄이고자 한다면 첫 번째가 식사 에너지 총량을 줄이는 것이다. 두 번째는 초과 섭취한 에너지가 체지방이 되어 몸에 쌓이지 않게 운동을 포함한 신체 활동량을 늘려야 한다. 마지막으로 중요한 것은 양질의 영양소를 골고루 섭취하고 유산소 운동을 포함한 신체활동을 꾸준히 하여 근육의 양을 늘리는 것이 중요하다.

체계적이고 총체적이지 못한 특정 방법을 앞세우는 식이요법은 전문가의 충분한 검증을 거쳐 그 결과가 입증되었을 때 실행에 옮겨야 한다. 앞에 제시한 세 가지 원칙만 꾸준히 잘 지키고 생활화하면 누구나 성공적으로 체중을 줄일 수 있다. 검증되지 않은 식이요법은 때에 따라 상업적 마케팅과 결부되면서 오래 가지 못하고 소비자 피해만 키울 뿐 성공하지 못하는 사례가 많다. '바쁠수록 돌아가라'는 말처럼 체중 관리를 위한 다이어트에는 지름길이 없다.

비만에 대한 단상 斷想

 백여 일에 걸친 배낭여행을 마치고 돌아왔을 때 홀쭉해진 허리를 보고 '날씬해졌다'며 가족으로부터 축하를 받았다. 그러나 두 달도 되지 않아 다시 허리띠 구멍이 한 칸 뒤로 밀려 1인치가 늘었다. 어떻게 하여 줄인 허린데 하며 허리춤을 물끄러미 내려다본다. 이유는 이미 잘 알고 있다는 듯 피식 쓴웃음을 지어보지만, 스트레스는 쌓인다.

 고통의 시작은 달콤한 탄수화물 간식과 잦은 외식 그리고 피할 수 없는 저녁 술자리를 관리하지 못한 것을 자책한다. 멈췄던 새벽 운동도 시작하고 식사량 조절을 해보아도 이미 늘어난 허리둘레는 도무지 줄지 않는다.

현대인은 '건강'이라는 이름의 병을 앓고 있다. 2차 세계대전 이후 유럽에서는 풍요로워진 삶의 다른 한편에는 비만이라는 건강의 적이 등장하였다. 당시 뭇 남성은 밀로의 〈비너스〉상의 미려한 허리 곡선을 보고 '마법의 허리'라고 좋아하였고, 여성은 미론의 〈원반 던지는 사내〉의 넘쳐나는 남성스러운 건강미를 보고 사랑을 찾는 꿈을 꾸었다.

금세기에 들어서도 현대인은 남녀노소를 불문하고 건강을 가꾸고자 하는 욕망이 넘친다. 인간의 욕망은 어느 정도는 돈으로 해결할 수 있지만, 건강에 관한 한 돈으로 모든 것을 해결할 수는 없다. 그런데도 돈으로 건강을 추구하려는 사람을 마케팅 대상으로 식품과 건강을 매개로 하는 상품판매가 넘쳐나고 있다. 그런 것이 근본적으로 소비자의 욕망을 해결해 주지는 못한다.

현대인은 살이 쪄 뚱뚱한 자신의 몸매를 볼 때마다 마치 괴물이나 된 듯 스트레스를 받는다. 이처럼 비만은 대중의 관심사가 되었고 인체의 중요한 증상으로 보고 있기 때문이다. 보건의학에서도 정도의 차이는 있지만, 일정 범위를 벗어난 비만은 치료가 필요한 증상으로 인식하기 시작하였다.

체중이 증가한다고 하여 반드시 질병이 시작되는 것은 아니지만 신체 변화의 중요한 신호로 이해한다. 그렇기에 비만을 이제 한 개인의 몸 상태로만 이해해서는 안 되고 전체 인구의 중요한 건강 상태를 평가할 수 있는 일차적인 잣대로 받아들여야 한다.

나아가 그 해결은 개인에게만 맡길 것이 아니라 유기적인 협력을 통하여 시의적절한 대응이 필요하다.

얼마 전 보건복지부는 범정부 차원의 비만 예방 대책을 마련하였다 한다. 그 이유는 중등도 비만을 넘어 고도 비만 인구가 증가하기 때문이라고 하였다. 살이 찌는 것을 지나치게 의식할 필요는 없지만 그렇다 하여 무관심하거나 그냥 지나쳐서는 안 된다.

비만에 대한 적절한 대처 방법을 찾아야 할 때가 되었다. 경제협력개발기구(OECD)는 우리나라 인구 중 고도비만인구가 2030년에 현재의 2배 수준에 이를 것으로 전망한다. 정부는 이번 대책을 통해 2022년 비만율(추정, 41.5%)을 2016년 수준(34.8%)으로 유지할 수 있도록 노력하겠다고 하였다.

비만은 일반적으로 체중이 많이 나가고 뚱뚱한 것으로 이해하지만 근육이 많아 체중이 많이 나가는 예도 있다. 따라서 과체중이라는 이유만으로 비만이라고 단정해서는 안 된다. 비만으로 진단하기 위해서는 체질량지수BMI를 측정한다. 체지방 기준 비만은 복부나 장에 과다하게 쌓여 있는 상태로 남자는 체중의 25% 이상 여자는 30% 이상일 때다.

몸속에 지방이 쌓이는 현상은 음식으로 섭취한 열량의 총합이 신체활동과 대사활동으로 소비한 열량보다 많아 체내에 쌓인 에너지 불균형을 일컫는다. 따라서 과식과 운동 부족 같은 생활습관이 그 원인이라고 할 수 있다. 특히 에너지의 불균형을 간과해서 안 되는 중요한 이유는 소비하지 못하고 체내에 남아 있는 과다 에너지가 지방세포로 들어와 지방산과 포도당이 에스터화 과정을 거쳐 중성지방 형태로 몸에 쌓이기 때문이다. 이 물질은 당뇨, 콜레스테롤 혈중농도의 증가, 고혈압을 포함한 심장과 뇌혈관 질환 등 성인병에도 영향을 끼친다.

성경 속 비유에 나오는 나병은 당시 인간에게 가장 고통스러운 병인 동시에 신으로부터 받은 저주의 표상이었다. 흑사병은 14세기부터 17세기까지 400년 동안 유럽을 휩쓸어 인구가 감소하였고 그 결과 한동안 노동력 부족을 초래하였다. 특히 흑사병에 걸려 죽음에 이르는 비참함과 참혹한 실상은 여러 사료를 통하여 접할 수 있다.

알베르 카뮈는 소설 《페스트》에서 프랑스령 알제리의 해변 도시 오랑을 배경으로 이 병의 잔혹함과 후유증을 사실적으로 묘사하였다. 의사로서의 사명을 다하는 주인공 리유와 부당한 죽음을 거부하는 성자 같은 타루를 통하여 건강의 소중함과 생명은 지켜야만 할 충분한 가치가 있다는 것을 독자가 찾게끔 한다.

지금 대부분의 감염성 질병은 원인균과 전파 과정이 구명되었고 치료약 개발과 의학 수준 향상으로 퇴치할 수 있다. 하지만 비감염성인 비만은 단지 과체중을 넘어 소리 없는 마귀처럼 연관 질병에 영향을 미쳐 삶의 질을 저하하는 것은 물론 생명을 위협하는 건강의 적이다.

비만이라는 증상이 세계보건기구 질병 코드에 포함된 지는 불과 50여 년밖에 되지 않지만 이미 유행병이라고 할 만큼 세계적인 건강 문제로 대두하였고 사망과 장애에 영향을 끼친다. 우리나라도 비만 유병률이 높아지는 추세고, 특히 자라나는 어린이와 청소년층의 증가는 중요한 건강 문제다. 그러나 아직도 비만을 관리해야 할 질병이라는 인식이 부족하고 사회적으로도 대책이 부족하여 안타깝다.

새벽 운동

　이른 새벽 세계문화유산 '화성華城' 성벽 둘렛길을 걷는다. 장마가 지나서인지 다른 날보다 날씨가 아주 맑다. 도심의 밤하늘에 반짝이는 별을 보기 어려운 것은 어제오늘의 일이 아니다. 하지만 오늘은 새벽하늘에 별들이 또렷하게 보인다. 옅은 구름 사이로 수줍게 얼굴을 내미는 새댁 같은 샛별을 보는 호사를 누린다. 가던 걸음을 멈춘다. 백조자리별(제우스신과 스파르타 왕비 레다의 신화가 깃든 별자리)를 볼 수 있을까, 하는 기대로 동쪽 하늘을 쳐다본다. 새벽 운무가 지나가며 시샘이나 하듯이 방해한다.
　성곽 주변 풀숲에서 들리는 벌레 소리가 귓전까지 달려와 정신을 깨워준다. 창룡문, 화홍문, 장안문, 화서문을 지나 팔달산 아랫

자락에 이르자 숲에 사는 이름 모를 새들의 재잘거리는 소리가 동무들의 새벽잠을 깨운다. 숲 냄새가 가득 찬 새벽 기운을 받으며 느릿느릿 성벽 옆 돌계단을 오른다. 새벽 풍경이 오롯이 나의 눈과 귀를 거쳐 마음에 닿자 마치 한 장의 파노라마 사진처럼 아름답게 펼쳐진다.

건강을 위하여 무더운 여름철 낮에 운동하기가 마땅찮아 새벽에 화성장대華城將臺에 올랐다 되돌아가는 10km 길을 걷는다. 스포츠센터 트레이드밀treadmill 위에서 뛰기보다 성곽과 함께 숲길을 걷는 것이 훨씬 역동적이다. 온몸으로 받는 자극 때문에 정신까지 맑아진다. 숲길을 걸을 땐 덤으로 시끄러운 도심의 기계음에서 벗어나 이른 시간 무상무념無想無念의 사색도 즐긴다.

수어장대守御將臺에 올라 깊은 숨을 몰아쉰다. 먼동이 트려고 하는 동녘 하늘 아래 아직 잠에서 깨어나지 않은 시가지를 내려다보며 잠시 숨을 고른다. 올라올 때 가빴던 숨소리가 어느덧 편해진다. 성신사城神祠 가는 길을 따라 산중턱에 자리 잡은 팔달 약수터로 발걸음을 옮긴다. 약수 한 컵을 단숨에 마시자 가슴 깊은 곳까지 시원함을 느낀다. 이제 올라온 성벽 길을 따라 내려간다.

멀리 동녘 하늘엔 불그스레한 여명黎明의 물결 속에 해가 떠오른다. 아침 햇살이 비추자 숲에는 짝을 부르는 수컷 매미의 우렁찬 울음소리가 귀에 거슬릴 정도로 시끄럽다. 여름 한 달을 지내려고 땅속 암흑세계에서 수년 동안 길게는 십수 년 동안 굼벵이 생활을 하고 매미가 되었으니 더욱더 애잔하게 들린다.

휴먼시티를 지향하는 수원은 세계문화유산인 화성이 구시가지 한가운데 있다. 도심에서 멀지 않은 곳에는 광교산도 있다. 누구나 마음만 먹으면 삼십 분 안에 자연과 더불어 운동할 수 있는 입지적 조건을 갖춘 아름다운 도시다.

은퇴 후 활기찬 인생 2막을 살기 위해서는 무엇보다 건강을 지켜야 한다는 점은 시니어들의 공통적인 생각이다. 새벽 운동에서 만나는 사람 대부분이 그들이다. 텔레비전, 신문, 잡지 등 대중매체에는 건강에 대한 정보가 넘친다. 그러나 상업적인 마케팅이 가미된 그릇된 정보도 있어 옳고 그름을 구별할 줄 아는 지식도 필요하다.

수원 K 대학에서 십여 년 동안 '보건학'과 '노화 이론과 노년기의 건강관리'를 강의하였다. 올바른 신체활동Physical Activity의 생활화가 몸에 미치는 영향이 크다는 이론적 근거와 사례를 학생들과 함께 공부하였다. 그러나 지금은 나 자신이 노년기에 접어들어 그때 가르침을 몸소 실천하지만, 이론처럼 쉽지가 않다.

노년기 건강 생활에 필요한 건강 행동Health Behavior은 금연과 절주, 적절한 영양 섭취, 양질의 수면 등 여러 요소가 있다. 무엇보다 중요한 것은 몸에 맞는 신체 활동을 쉬지 않고 계속하는 것이 최선이다. 고혈압, 당뇨, 골다공증 등 한두 가지 이상 관리해야 할 질병을 갖고 사는 고령 세대에게 운동은 어떤 보약과도 바꿀 수 없는 건강 행동이다.

정기적으로 운동을 하면 혈압이 낮아지고 관상동맥질환, 대장암, 유방암, 당뇨병, 골다공증의 위험이 줄어든다. '미국질병관리본부'와 '스포츠의학회'에서는 "모든 성인은 매일 '중간 강도의 신체활동'을 적어도 30분 이상 하라"고 권고한다. 건강한 성인의 경우 시간당 5~6km 속도로 걷는 것이 중간 강도의 신체활동이다.

최근 텔레비전에서 구순의 송해 선생이 엘리베이터를 타지 않고 계단을 오르는 모습을 보았다. 스스로 체험을 통하여 계단 오르기가 효과적인 운동이고 손쉽게 실천에 옮길 수 있다는 것을 보여준다. 중간 강도의 신체활동이면서도 편리하고 비용도 들지 않아 일거양득一擧兩得의 효과를 얻을 수 있다.

신체적으로 활동적인 사람은 그렇지 않은 사람에 비하여 더 건강한 경향이 있다. 활동적인 사람은 매사에 활력적이고 일상에서 긍정적인 자세를 가지고 생활한다. 스트레스와 긴장 상태에서도 더 잘 대처할 수 있는 능력도 갖추고 있다. 활동적인 시니어Active Senior들은 비교적 다른 사람에게 의존하는 경향이 적기 때문에 삶의 만족도가 높고 건강하다는 연구보고도 있다.

스스로 체험하여 얻은 결과나 경험은 어떤 가르침보다 확실하게 느끼고 깨우치게 된다. 가르치는 일을 마치고 남미 안데스산맥을 넘어가는 배낭여행과 중국 윈난성雲南省에 있는 차마고도 트레킹을 다녀왔다. 준비되지 못한 두 번의 여행에서 체력의 한계를 느꼈다. 높은 산을 오를 때 얼마 오르지 않아 숨이 차고 쉽게 피로를 느꼈다. 몸 이곳저곳에 이상 신호도 나타났다. 계획된 일정에 차질을 빚지 않으려 짧은 휴식으로 체력을 유지하면서 어렵게 여정을 마쳤다. 돌아와 피로 해소에 한동안 시간을 허비했다. '호모 헌드레드homo hundred 시대'에 나이의 한계라고 치부하기에는 아직 젊다. 고령 사회에서 축복받은 시니어들의 삶은 장수하는 것이 목표가 아니라 건강하게 오래 사는 것이다. 지나친 욕망을 내려놓고 꾸준히 운동하여 건강을 지키자.

자장면

　자장면은 우리 음식이지만 중국에서 건너왔다는 설이 유력하다. 중국에 가면 우리 같은 자장면은 없지만 비슷한 자지앙미엔炸醬麵이 있다. 삶은 국수에 중국 된장과 돼지고기를 넣고 볶은 양념을 고명으로 얹어 비벼 먹는 음식이다.

　몇 년 전 아내의 서예 전시회가 베이징에서 열려 그곳에 갔을 때 자지앙미엔을 맛본 적이 있다. 조리 형태는 우리의 간짜장과 비슷하였으나 맛과 향에서 확연한 차이가 있었다. 어찌 보면 우리 맛에 길든 탓인지 자장면이 더 맛있게 느껴졌다.

　자장면은 우리나라에서 가장 서민적인 음식 중 하나다. 그러다 보니 누구나 자장면에 대한 추억 한두 가지쯤은 가지고 있다. 초등학교 때 외식한 음식으로 가장 먼저 기억나는 것은 어머니를 따라 장날 시장에 갔을 때 먹었던 시래기 국밥과 생일이나 특별한 날 어쩌다 동네 어귀에 있는 허름한 중국집에서 먹었던 자장면과 튀김만두다.

어린 시절 집 부근에 있는 중국집 뒷마당 가마솥에는 항상 무엇인가 넣고 끓이는 것을 본 적이 있다. 나중에 알고 보니 쇠기름을 만들고 있었다. 먹을 식량이 턱없이 부족하던 시절 콩으로 짠 식용유를 사용한다는 것은 상상할 수도 없었다. 쇠기름은 춘장을 볶거나 만두를 튀길 때 주로 사용하였다.

보건의학적으로 보면 쇠기름은 건강에 해로운 포화지방산 덩어리다. 요즈음 같으면 식물성 기름을 사용하지 않고 동물성 기름을 사용하였다 하여 큰일 날 일이지만 당시에는 문제되지 않던 시절이었다.

그때는 중국집 하면 자장면이 대표 음식이고 분위기도 어두컴컴하면서 지저분하였다. 그뿐만 아니라 음식을 만드는 주방장도 때 국물이 자르르 흐르는 앞치마에 하얀색은 찾아볼 수 없을 정도였다. 하지만 사람은 그런 분위기도 아랑곳하지 않고 춘장의 맛과 향에 중독이나 된 듯 자장면을 좋아했다.

1972년 봄 지금은 소양호로 수몰되었지만, 강원도 인제군 남면 신남 지역에서 군 복무할 때 자장면에 얽힌 추억이 있다. 한 달에 한 번 있는 외출 때가 되면 다림질한 군복으로 치장하고 부대

밖으로 나간다. 그러나 딱히 갈 곳이 없어 당구 한두 게임을 치르고, 점심때가 되면 약속이나 한 듯이 제일 먼저 가는 곳이 군청 소재지에 한 곳밖에 없는 중국음식점(인제 반점)이다. 그곳에 가면 여러 부대에서 외출한 병사가 입대 전 사회에서 먹었던 자장면을 잊지 못하고 곱빼기(당시 보통은 100원, 곱빼기는 120원)로 배고픔을 해결했다.

요즘 중국 음식에는 탕수육, 깐풍기, 팔보채 외에도 맛깔난 요리를 쉽게 접할 수 있다. 하지만 일병 월급 900원으로 한 달을 버텨야 하는 주머니 사정상 고급 요리는 언감생심焉敢生心 꿈도 꿀 수 없었다.

지금도 지워지지 않는 기억은 당시 중국집 주방장은 40대 후반의 남자 주인이었다. 일요일 점심때는 뻘뻘 흐르는 땀을 훔칠 시간조차 없을 정도로 바빴다. 면을 삶고 끓여놓은 춘장을 면 위에 올리면서 "여기요! 자장면!" 하고 외치면서 홀에 있는 아내나 심부름하는 꼬마 녀석과 소통하였다.

일요일 점심시간, 중국집의 주된 손님은 외출 나온 병사들인지라 주방장은 항상 푸짐한 양의 면을 주면서 한마디한다. "군 생활 때는 먹고 돌아서면 배고프니 많이 먹어라!" 하며 마치 아비가 자식 대하듯 내뱉는 말이 가슴을 뭉클하게 하였다. 식당에서 시중드는 10대 초반의 꼬마 친구가 날라다 준 자장면은 젓가락질 몇 번 하고 나면 순식간에 흔적 없이 사라졌다.

식사를 마치면 예외 없이 들리는 곳은 서울이나 도회지에서 상영한 지 오래된 영화 두 편을 동시에 상영하는 허름한 시골극장이었다. 필름 상태가 좋지 않아 뚝뚝 소리가 나거나 끊어지기 일쑤였다. 영화를 보고도 시간이 남을 땐 귀대歸隊를 최대한 늦추면서도 거리를 배회하지만, 귀대 시간에 맞춰 무거운 발걸음으로 부대로 돌아갔다. 며칠 지나지 않아 다시 감칠맛 나는 자장면이 그리워지고 한 달에 한 번 돌아오는 외출이나 외박을 손꼽아 기다렸다.

외식 문화의 확산으로 어찌 보면 자장면은 가장 손쉽게 먹을 수 있는 음식임은 틀림없다. 그러나 지금은 자주 먹기에는 망설여지는 음식이 되었다. 왜일까. 고열량의 식사를 피하는 요즈음, 자장면은 같은 면 종류인 가락국수나 메밀국수보다 열량이 월등히 높기 때문이다.

자장면 1인분은 양에 따라 차이가 있기는 하나 850~900kcal로 여타 국수류의 400~450kcal보다 두 배나 높다. 그뿐만 아니라 곱빼기를 먹거나 다른 음식을 곁들여 먹고 나면 속이 더부룩하고 자고 나면 얼굴이 붓기도 한다. 일명 '중국 음식 증후군'chines food syndrome이다. 원인은 자장면에 들어 있는 소금과 조미료 같은 식품첨가물 때문이다.

가족력에 의한 본태성 고혈압과 내당능 장애를 가지고 있어 건강관리 차원에서 피해야 할 음식이지만, 그 맛을 잊지 못하여 가끔 가족과 함께 즐긴다. 집사람과 우리 집 주치의인 며느리는 어쩌다 먹는 자장면이라 할지라도 혹여 건강을 해칠까 무척 경계한다. 그래도 나를 포함한 3대가 모두 좋아한다. 아마 자장면을 좋아하는 DNA가 유전(?)된 것 같다.

최고의 다이어트 식품 '김치'

미국 서북부 오리건주 카이저 시에 머문 지 어느덧 다섯 달이 되었다. 낯선 나라지만 공기가 맑고 자연환경이 깨끗하며 시골이라 소박한 사람들 틈에 머물다 보니 조금씩 그들의 삶을 닮는 것 같다. 이곳은 독일 이민자들이 사는 곳이라 그런지 마을 이름도 Keizer다.

어머니 기일 제사를 준비하기 위하여 길 건너편에 있는 식자재 마트에 갔다. 시금치, 콩나물, 두부, 달걀, 생선, 과일 등 제사상에 필요한 것을 카트에 담고 계산대로 가다 냉장고에서 우리 식품이 눈에 띄었다. 맥주 캔만 한 크기의 병에 담겨 있는 배추김치다. "매장에서 한국 식품을 한 번도 본 적 없는데 어쩐 일이지!" 하며 아내가 놀란다. 그것도 몇 병이 아니라 저장고 한 칸을 차지하고 있다.

얼마 전 미국 건강 전문지 《헬스》라는 잡지에서 김치가 세계 최고 건강식품 5가지 중 하나로 선정되었다. 그런 이유인지 알 수 없지만, 마트에 갑자기 등장한 것을 보면 소비자가 기사를 접하고 찾았거나 아니면 보도 후 마케팅 차원에서 진열한 것이 아닐까 추측한다.

외국 여행지에서 만난 현지인들에게 한국에서 왔다고 하면 '아리랑'이 아니라 '김치'하는 것을 볼 때 이제 한국을 상징하는 아이콘이 되었다. 김치는 순수 우리말이 아니다. 한자의 '침채'沈菜가 변해서 생긴 단어이다. 선조들이 긴 겨울철에 채소를 먹을 수 있도록 고안해낸 식품이지만, 단순히 채소를 저장하는 기능만 가지고 있는 것이 아니다.

《헬스》잡지에서 세계 최고 식품으로 선정하게 된 이유를 밝히면서 김치는 비타민이 풍부할 뿐만 아니라 소화에 도움을 주는 유산균과 섬유질을 다량 함유하고 있어 다이어트에 좋은 식품이라 하였다.

이곳 사람들은 햄버거, 핫도그, 피자와 같은 패스트푸드와 햄, 소시지, 캔 수프 같은 인스턴트식품을 많이 먹고 육류 섭취가 많은데도 채소를 잘 먹지 않는다. 그래선지 대장암의 발병률과 사망률도 높고 비만 인구도 많다. 특히 미국 보건당국이 염려하는 비만 인구는 소아에서부터 청장년과 노인에 이르기까지 전 연령대에 걸쳐 있고 이미 20세기 중반부터 심각한 건강 문제로 인식하고 있다. 이런 점을 고려할 때 '김치'를 최고의 다이어트 식품으로 선정한 것은 우연이 아니라 당연한 결과다.

《헬스》잡지에서도 밝혔듯이 김치는 숙성 과정을 거치면서 발효식품이 가질 수 있는 풍부한 영양소를 가지고 있어 다이어트 기능식품으로서의 장점이 많다. 유산균은 장내 산도를 낮춰 몸에 좋지 않은 세균의 발육을 억제하면서도 다른 한편으로는 소화관의 기능을 좋게 함으로써 대장 건강과 면역기능 활성화에 이바지한다.

유산균은 소금 때문에 열려 있는 배추의 섬유질 속으로 들어가 숙성 후 톡 쏘는 김치 특유의 청량감을 느낄 수 있게 만든다. 우리 조상은 이 과정을 더디게 진행되게 하려고 항아리를 땅에 묻었다. 과학 지식이 짧았던 그 시절 선조들의 지혜로움에 고개를 숙인다.

배추 외에 양념에도 유효한 영양소가 들어있다. 고춧가루에 있는 캡사이신capsaicin은 소화액 분비를 촉진하여 소화 기능을 도와주고 비타민 C는 항산화와 면역기능 활성화를 돕는다. 마늘에 있는 스코르디닌scordinin은 스태미나 증진 효과가 있고 아리신은 생리 대사를 활성화하며 생강에 함유된 진저롤gingerol은 식욕 증진과 혈액순환에 좋다.

이처럼 김치는 채소 생산이 어려운 겨울철에 비타민을 비롯하여 양념에 포함된 여러 가지 영양소를 동시에 섭취할 수 있는 종합식품이다. 이 모든 것을 살펴볼 때 김치는 인체 대사 기능을 활성화하는 '보약'으로도 손색이 없다.

작년 코카서스와 중앙아시아 지역을 100여 일에 걸쳐 배낭여행을 갔을 때 현지 음식에서 오는 불편함을 해소하기 위하여 말린 김치를 가져갔다. 딱딱한 빵과 양고기 그리고 현지 향신료에 지칠 즈음 김칫국과 죽이 입맛뿐만 아니라 속까지 후련하게 해 주었다. 그리고 여행 중에 간단하게 한 끼를 해결하려고 현지 라면에 김치를 넣고 끓이면 배낭여행자들이 좋아하는 최고의 간편 메뉴가 된다.

김치가 세계 5대 식품으로 선정된 이유는 낮은 열량으로 다이어트에 최적화되어 있을 뿐만 아니라 미국인에게 부족한 식이성 섬유를 다량 함유하고 있고, 유병률이 높은 비만과 대장암 등에 유효한 식품이기 때문일 것이다. 이제부터 '김치'를 과학적이고 체계적 개발을 통하여 세계적 건강기능식품으로 키우자.

'무' 무시하면 안 된다

　미국 시골에 롱 스테이하면서 가장 아쉬운 것은 우리 식자재를 구하기 어렵다는 것이다. 얼마 전 뭇국이 먹고 싶어 길 건너편에 있는 식자재마트에 갔다. 마침 신선 채소 판매대에 기다랗게 생긴 무가 있었다. 자세히 살펴보니 단무지를 담그는 무와 비슷하게 생겼지만 조금 굵고 길었으며 가격도 생각보다 비쌌다. 뭇국이 먹고 싶어 가격은 생각하지 않고 카트에 담았다. 계산원은 이것은 미국 무고 가격도 비쌀 뿐만 아니라 맛도 매우 매운데 그래도 사겠느냐고 묻기에 사겠다고 하였다.

　집에 돌아와 조금 잘라 맛을 보니 우리 무와 맛도 다르고 너무 매워서 먹기 곤란하였다. 아내는 버릴 수도 없고 하여 껍질을 두

껍게 벗기고 손질하여 물에 담가 놓았다. 그리고 매운맛이 어느 정도 빠지고 나서 뭇국을 끓이고 깍두기도 담갔다. 맛을 보니 우리 무와 별 차이가 없고 깍두기는 무의 쓰고 매운맛이 양념과 어울려 감칠맛 나게 조화를 이루어서인지 그 맛이 일품이었다.

어릴 적 식사 때 올라오는 무 반찬을 앞에 두고 투정을 부린 적이 한두 번이 아니었다. 그럴 때마다 아버지께서는 '겨울 무는 산삼과도 바꾸지 않을 만큼 몸에 좋아 밭에서 나는 보약'이라 하셨다. 허구한 날 식사 때마다 무밥, 뭇국, 무생채, 무말랭이무침이 끊이지 않았다. 가끔 주식인 쌀이나 보리쌀이 모자라면 무를 넣어 끓인 무죽과 무전이 바꿔가면서 식탁에 오르기도 했다. 돌이켜 보면 어릴 때 무로 만든 음식만 먹고 산 것 같은 기억이 지워지지 않고 떠오른다.

어머니는 밭에서 수확한 무로 김치와 동치미를 담그고 남은 무 중 상태가 좋은 것은 무밭에 구덩이를 파고 한겨울에도 얼지 않게 짚과 함께 묻어 보관했다. 그리고 자투리 무는 무말랭이로 무청은 시래기를 만들었다. 이렇듯 무는 청에서부터 둥치까지 버리는 것이 하나도 없었다.

어렵게 장만한 저장 식품은 긴 겨우내 대가족의 식사 때마다 고민거리인 찬거리 걱정을 덜어 주었다. 그리고 6·25 전후 먹거리 해결이 어려웠던 그 시절 무죽으로 한 끼를 해결하기도 하였다. 생전에 어머니께서는 "끼니마다 찬거리를 해결하려고 시름의 골이 깊었던 것이 가장 힘들었다."라고 회상하였다.

그 시절 가장 먹기 싫었던 반찬이 무말랭이무침이었지만, 늦은 봄까지 도시락 반찬의 단골이었다. 투정을 부리면 어머니의 대답은 항상 "그럼 도시락 가지고 가지 마라!"였다. 투덜거리며 도시락을 가방에 넣고 즐겁지 않은 기분으로 등교한 적이 많았다. 왜 그런 투정을 부렸는지 지금 되돌아보면 부끄러울 뿐이다.

무말랭이는 신선한 채소를 먹기 어려웠던 겨울철 밑반찬으로는 최고의 식자재로 선조들의 지혜가 담겨있는 순수 우리 먹거리다. 무말랭이는 다른 식품보다 열량이 낮아 체중이 많이 나가는 뚱뚱한 사람에게 다이어트 식품으로도 제격이다.

무말랭이의 원재료인 무는 다른 식품에 비하여 우리 몸에 필요한 성분을 많이 가지고 있다. 무는 폐경기 여성에게 부족하기 쉬운 칼슘이 풍부하여 골다공증을 예방하는 데 도움이 되고 노화 방지에도 유효한 효과가 있는 것으로 알려져 있다. 한의학에서 무는 위장을 건강하게 하고 체내의 열을 내리게 하며 가래를 몸 밖으로 배출하는 데 도움이 될 뿐만 아니라 이뇨 작용에도 효과가 있다고 한다.

만성 기관지염, 장염, 설사, 고혈압, 고지혈증, 좋지 않은 물질에 대한 해독 등에도 효능이 있다. 그뿐만 아니라 무즙에는 탄수화물 위주의 식사를 하는 한국 사람에게 좋은 전분당화효소澱粉糖化酵素인 디아스타아제Diastase도 듬뿍 가지고 소화를 촉진하는 천연

소화제 같은 역할을 한다.

무에 있는 디아스타아제, 아밀라아제, 플라보노이드, 카탈라아제, 우레아제와 같은 각종 효소는 전분뿐만 아니라 단백질과 지방의 소화도 돕는다. 따라서 삼겹살과 같은 동물성 식단에도 무 요리나 무즙을 곁들이면 훌륭한 소화제와 영양소 역할을 한다. 그리고 무는 위산의 중화작용도 할 수 있어 트림이나 속쓰림과 같은 위산 과다 증상도 개선해 준다.

무에는 비타민 A군에 속하는 베타카로틴과 비타민 C, 식이섬유인 리그닌 등이 생체 기능을 조절하고 몸의 조직을 구성하는 데 도움을 준다. 그 밖에도 체내 효소 활성화에 도움을 주는 각종 미네랄이 풍부하다. 무청도 영양 덩어리다. 무 잎의 비타민 C는 뿌리보다 많이 가지고 있고 뿌리에 없는 비타민 A도 잎에 많다. 그리고 잎에는 비타민 B1 B2 이외에도 유효한 다른 성분도 많이 가지고 있다.

그 외에도 무는 기관지와 폐 건강에 도움을 주고 흡연자에게는 니코틴을 중화하는 해독작용 기능이 있으며 숙취에도 효과가 있다. 이처럼 무는 영양의 보고다. 생전 어머니께서 "겨울에 입맛이 없을 때 무를 먹으면 보약이 따로 없다"고 하신 말에 수긍이 간다. 하지만 위염이나 위궤양을 앓고 있으면서 찬 무를 과식하면 위장 건강을 해칠 수도 있다. 그리고 한의학에서 '무는 기운을 내리기 때문에 몸이 약한 사람은 오히려 좋지 않고 맥이 약하거나 손발이 찬 사람은 무를 많이 먹지 말아야 한다'고 한다.

　무는 지역에 따라서는 '무수'나 '무시'라고도 하며 무는 한자어로 나복蘿蔔이라고 한다. 무의 뿌리는 원형, 원통형, 세장형 등 여러 종류가 있고 뿌리의 빛깔도 흰색과 붉은색 등 다양하게 있으며 최근 들어 품종 개량을 통해 효능을 특화하는 방향으로 개량한다. 무의 원산지는 지중해 연안으로 알려져 있으며 실크로드를 통하여 중국을 거쳐 우리나라에 전래하였다고 한다. 중국에는 이미 기원전 400년경 문헌에 기록이 있고 우리나라는 불교의 전래와 함께 삼국시대 때부터 재배되기 시작하였으며 고려 때에는 중요한 채소로 취급되었다.

　무는 김치, 깍두기, 무말랭이, 단무지 등 쓰고자 하는 용도에 따라 매우 다양한 식자재로 활용할 수 있다. 이처럼 무는 예로부터 겨울철 비타민 공급원으로 중요한 역할을 해왔다. 그래서 선조들은 '무, 무시하면 안 된다'고 하였다.

　어릴 적 그렇게 먹기 싫어하였던 무말랭이무침을 지금은 하루도 빠지지 않고 식단에 올라오는 기본 반찬이 되었다. 오늘도 겨울 빗길 운전도 마다하지 않고 40여 마일 떨어진 곳에 있는 한국식자재마트에서 우리 무를 듬뿍 사서 돌아왔다.

와인

 술은 언제부터 마시기 시작하였을까. 술에 대한 기록은 여러 곳에서 찾을 수 있다. 구약성서에는 노아 시대에 이미 포도를 재배하여 술을 담가 마신 기록이 있다. 그리스 신화에도 술의 신 '디오니소스'가 효모를 사용하여 포도로 술을 빚는 방법을 배웠다는 이야기가 전해진다. 유대인의 경전 《탈무드》 지혜서에도 술에 대한 우화가 실려 있다. 이런 기록을 볼 때 인류가 처음 마신 술은 와인이었을 것이다.

 요즘 레드와인의 소비가 증가한다고 한다. 포도의 검붉은 껍질과 과육에는 '폴리페놀'에 속하는 '안토시아닌'이라는 성분이 많이 들어있기 때문이다. 특히 이 성분은 알코올과 반응할 때 효능이 더 커진다. 폴리페놀은 몸속 대사 중에 발생하는 활성산소의 폐해를 방지하여 몸을 이롭게 한다는 연구 결과가 있다.

미국과 영국 사람 못지않게 지방을 많이 섭취하고 흡연율도 유사한 프랑스 사람이 유독 심장병에 덜 걸리는 이유는 레드와인에 풍부한 폴리페놀 때문이라고 한다. 이런 현상을 '프렌치 패러독스'French paradox라 한다. 레드와인 때문에 생긴 신조어다.

30여 년의 직장생활을 마치고 야인이 되어 소일거리를 고민하던 중 부산에 있는 K 대학 L 총장으로부터 강의를 맡아 달라는 청을 받았다. 한 학기가 끝날 즈음 L 총장은 "먼 곳까지 내려와 주어 고맙다"라며 저녁 초대를 하였다. 식사 장소를 해운대 바닷가로 정하였다면서 구불구불한 해안길을 따라 차를 달린다. 백사장에는 저녁 바다의 차가운 바람도 아랑곳하지 않고 모래밭을 걷는 연인들의 모습도 보인다.

창밖을 바라보다 문득 아누크 에메와 장 루이 트린티냥이 주연한 영화 〈남과 여〉의 한 장면이 떠오른다. 두 주인공이 추운 겨울 짙은 회색빛 구름이 잔뜩 낀 바닷가 모래톱을 따라 프렌치 코트의 목깃을 세우고 말없이 걷고 있는 장면이었다. 잠시 창밖 풍경과 영화 속 장면을 연상하며 배경음악을 흥얼거리다 보니 어느새 차는 바닷가 횟집에 도착한다. 싱그러운 바다 향이 풍기는 생선회를 안주로 소주 몇 잔을 곁들이며 식사를 마쳤다.

약간의 취기가 돌 즈음 자리를 옮겨 밤바다가 내려다보이는 작은 와인바에 갔다. 안으로 들어서자 귀에 익은 음악이 들린다. 〈남자가 여자를 사랑할 때〉When A Man Loves A Woman라는 노래다. 퍼시 슬레지의 노래는 아니지만, 백인이면서도 흑인의 솔soul 감각을 자랑하는 마이클 볼튼의 노래였다. 절규하듯 호소력 짙은 목소리와 멜로디가 가슴에 와닿는다.

벽면에는 여러 종류의 와인이 가지런히 정리되어 있다. 하얀 와이셔츠와 검은색 상하에 넥타이를 맨 가냘픈 몸매를 가진 아리따운 여인의 안내를 받아 창밖을 내려다볼 수 있는 곳에 앉는다. 은은한 실내조명과 음악이 흐르고 창밖 해운대 불빛과 달빛도 파도를 타고 출렁이니 분위기가 한층 좋다.

밤바다의 정취에 취해 있을 때 일행을 안내한 그녀가 메뉴판을 가지고 왔다. 와인을 고르는데 뜸을 들이자 그녀는 포도의 맛과 향, 수확 연도와 원산지, 품종과 당도, 숙성 과정과 기간 등 다양한 정보를 마치 저장된 컴퓨터에서 자료를 출력하듯 막힘없이 설명한다. 와인을 선택하는데 들을 만한 가치가 있다. 이야기를 듣다 보니 왜 와인을 '자연의 걸작'이라 부르는지도 어렴풋이 알 것 같다.

후배 교수가 프랑스 보르도 지방에서 생산된 '샤또 라퐁 로쉐'Chateau Lafon Rochet라는 레드와인을 주문한다. 왜 그것을 주문하였냐고 물었더니 일조량이 풍부한 보르도 지방에서 생산된 포도는 검붉은 빛깔이 진하여 분명한 맛과 향을 지닌 '여왕의 와인'

이라 한다며 술에 얽힌 이야기를 들려준다.

"12세기 프랑스 아키텐 공국의 엘레아노르 공주가 훗날 영국 헨리 2세가 되는 플랜태저넷 왕가의 앙주 백작과 결혼하였다. 헨리 2세의 왕비가 된 공주는 고향에서 마시던 와인을 잊지 않고 찾아 '여왕의 와인'이 되었다"는 일화를 듣다 보니 주문한 와인이 테이블 위에 차려진다.

그녀는 병에 붙어있는 라벨을 L 총장에게 보여준 후 와인 잔에 조금 따라 시음을 청한다. 일행들의 잔에도 따른 후 자리를 떠나려 할 때 잠시 앉기를 청하였다. 와인 이야기를 좀 더 듣고 싶어서다. 프랑스, 스페인, 이탈리아, 미국, 칠레, 호주에서 생산된 다양한 와인에 대한 이야기를 재미있게 들려준다. 소믈리에Sommelier 수준의 전문가다. 와인의 맛과 향보다 이야기에 빠져들어 더 머물고 싶지만, 집으로 돌아갈 마지막 KTX를 타기 위하여 자리를 파한다.

초겨울 늦은 밤. 어둠 속을 달리는 열차에서 창밖을 내다보며 "최상의 와인을 즐기려면 신맛과 단맛을 가진 포도가 숙성되기를 기다려야만 한다."라는 그녀의 이야기가 떠오른다. 신선한 포도를 먹으면 바로 입안에 퍼지는 새콤달콤함을 만끽할 수 있으나 그윽한 향과 맛을 느끼지 못한다. 그러나 포도는 숙성이라는 과정을 거치면서 새로운 맛과 향을 가진 와인으로 탄생한다. 이처럼 와인은 수확철에 맞춰 그것도 1년에 한 번 자연환경에서 기온이 알맞은 계절에 빚은 와인을 최고로 평가한다. 그래서 와인을 '기다림의 미학'이라고 하는 것 같다.

   그동안 살아온 여정을 되돌아본다. 지금까지 쉬지 않고 바쁘게 앞만 보고 달렸다. 정해진 일상의 틀 속에 갇힌 인스턴트와 같은 삶이었다. 되돌아보면 느긋한 일상을 즐겼던 기억은 별로 떠오르지 않지만 후회한들 어찌하겠는가. 이제라도 스스로 만든 조급함의 틀에서 벗어나야겠다. 그리고 한만閑漫하게 기다리며 조화로운 일상을 즐길 수 있는 삶의 지혜를 찾는다.

건망

오래전 건망증이 심각한 한 남자의 일화를 다룬 드라마를 본 적 있다. 잠시 볼 요량으로 시청하다 드라마에 빠져들어 끝까지 보고 말았다. 드라마 줄거리는 이렇다. 가족과 함께 유원지에 놀러 간 사십 대 중반의 주인공이 우연히 그곳에서 친구를 만나 이야기를 나누다 아내와 딸을 데리고 온 사실조차 까맣게 잊는다. 오랜만에 만난 친구와 어울려 몇 차례 술집을 옮겨 다니며 즐기다가 늦은 시간에 귀가한다.

낚시하러 가면 항상 무엇인가를 빠뜨리고 오는 주인공에게 하루는 아내가 잊지 말고 챙겨야 할 물건 목록을 적어주었다. 그러나 주인공이 그날 잡은 월척 잉어 망태를 물속에 두고 잊은 채 낚시도구만 챙겨왔다. 그뿐만 아니다. 비 내리는 날 출근할 때 가져가는 우산은 번번이 잃어버려 일상이 되다시피 한다.

어느 날 출근 시간에 맞춰 주룩주룩 장대비가 내렸다. 집에는 우산이 없었다. 어쩔 수 없이 딸아이가 애지중지하며 아끼는 꽃무늬 우산을 쓰고 출근한다. 딸은 잃어버리면 안 된다며 아빠의 손바닥에 '우산'이라고 써준다. 주인공은 온종일 손바닥을 보면서 잊지 않으려 애썼으나 글자가 지워졌다. 퇴근 시간에 비가 그치자 그만 우산을 잊어버리고 집으로 왔다.

하루는 함께 근무한 후배로부터 전화가 왔다. 딸을 시집보낸다며 청첩장을 전해주려고 집으로 오겠다기에 우편으로 보내라고 하였다. 그러나 후배는 한사코 하고 싶은 이야기가 있다고 하기에 집으로 오라고 하였다. 며칠 후 후배가 찾아와 청첩장을 주며 한 이야기는 예상대로 딸아이의 주례 청탁이었다.

며칠 동안 서재에서 이런저런 내용으로 쓰고 지우기를 반복하면서 주례사를 준비하던 중 후배로부터 또 전화가 왔다. 결혼 날이 길일이라 교통체증이 있을 수도 있으니 조금 일찍 결혼식장에 와 달라는 것이었다.

당일 아침 아내도 혼주와 같은 생각으로 교통체증이 있을 수 있으니 조금 일찍 출발하라고 재촉한다. 준비한 주례사를 다시 한 번 읽으며 줄거리를 머릿속에 정리하고 식장까지 2~30분이면 충분히 갈 수 있는 거리를 한 시간 여유를 갖고 출발하였다. 예상대로 가는 길에 두 차량 사이에 가벼운 접촉 사고가 있었다. 그 여파로 시간이 조금 지체되기는 하였지만, 여유를 갖고 출발한 덕에 삼십 분 정도 이른 시간에 식장 부근에 도착하였다.

이미 지하주차장으로 내려가는 진입로가 붐볐다. 주차하는 데 예상보다 긴 시간이 허비되었다. 가까스로 주차하고 보니 마음이 바빠졌다. 식장으로 빨리 올라가려는 마음에 주차한 구역을 대충 확인하고 엘리베이터로 갔다. 그곳에도 많은 승객이 차례를 기다리고 있었다. 급한 마음에 여러 층을 걸어서 계단을 올랐다. 다행히 예식 십여 분 전에 도착하였다. 하객을 맞이하고 있는 혼주와 인사를 나누고 주례를 마쳤다.

예식을 마친 후 지하 이층 주차장으로 내려왔으나 기억하고 있는 구역에서 차를 찾을 수 없었다. 분명 지하 이층 그곳에 주차한 것 같은데 당황한 나머지 순간 주차한 구역이 정확히 기억나질 않아 혼란스러웠다. 사십여 층이나 되는 대형 쌍둥이 빌딩이고 주차장은 수백 대의 차량을 동시에 주차할 수 있는 규모여서 방향감각도 잃었다. 꿈에서나 있을 법한 일이 일어났다. 넓은 주차장을 이리저리 돌아다녔으나 비슷비슷한 구역 배치 때문에 도저히 차를 찾을 수 없었다.

마중하려고 따라 내려온 후배가 빌딩의 진입로가 네 곳이나 되고 흐릿한 방향 감각에 의존해서 이 넓은 구역에서 차를 찾기가 쉽지 않을 것 같다며 밖으로 나가 처음부터 들어온 진입로를 따라 내려가면서 기억을 더듬어보자고 제안한다.

　빌딩 밖으로 나와 진입로를 따라 내려가다 보니 내가 주차한 곳은 지하 2층이 아니라 지하 1층이었다. 지하로 내려가는 진입로가 막혀 천천히 내려가 이곳저곳 주차할 곳을 찾아 돌아다니다 보니 시간이 길어져 순간 지하 1층을 2층으로 착각한 것이다.

　정도의 차이는 있으나 건망은 누구에게나 있을 수 있다. 정신의학적으로 기억장애에 속하는 건망증은 빈도와 증상에 따라 심할 때는 진단을 통하여 약물치료를 받아야 한다. 사람이나 사물의 이름, 장소와 시간 등을 뇌에 저장하고 그 정보를 끄집어내는 기능은 뇌에서 전두엽이 담당한다.

　그러나 요즈음 개인용 컴퓨터나 휴대전화와 같은 디지털기기에 손쉽게 정보를 저장하다 보니 과거와 같이 전두엽의 사용 빈도가 줄어 젊은이들에게 오는 디지털 치매가 온 것이 아닌가 걱정이 된다. 특히 몸의 다른 세포와 달리 뇌는 잘 사용하지 않는 부위의 세포를 스스로 없애려는 성질이 있다. 뇌의 전두엽 세포가 줄어들지 않도록 뇌의 활동량을 늘려 기억력 저하를 막아야 할 것 같다는 생각이 든다.

　전문가 연구 결과를 보면 건망증이 있는 사람이 칠 년 후 치매에 걸릴 위험이 그렇지 않은 사람의 일곱 배나 된다고 한다. 지나친 기우이기는 하나 건망증이 있다는 것은 그만큼 뇌 기능이 빨리 퇴행하고 있다는 신호이기에 나이가 들면서 언젠가는 뇌세포의

Ⅲ. 건강한 일상

기능 저하가 치매로 이어지지는 않을까 하는 끔찍한 생각이 들 때도 있다.

걷기와 같은 신체적 활동량을 늘리고 뇌세포를 자극할 수 있는 책 읽기와 글쓰기 같은 정서적 생활양식의 변화로 뇌 건강을 지켜야겠다는 생각이 한동안 뇌리에서 지워지지 않는다. 집에 돌아오자 왜 이렇게 늦었냐는 아내의 질문에 주차구역을 기억하지 못한 건망 때문에 일어난 일련의 웃음거리를 이야기하였다. 아내는 파안대소하면서 평소 기억하지 못할 때를 대비하여 메모하라고 권하였는데 자신의 말을 듣지 않아 그렇게 된 것이라며 놀렸다. 대꾸할 말이 없어 머쓱하기만 하다. 그날 이후부터 잊기 쉬운 것들을 메모하는 습관이 생겼다. 망각이 준 교훈이다.

보약 같은 걷기 운동

　밤사이 비가 내려 잔디가 촉촉이 젖은 아침이다. 햇살이 초록의 싱그러움을 더욱 강렬하게 만든다. 오늘도 오리건주 서남부에 있는 'Silver Falls' 주립공원으로 하이킹을 떠난다. 이곳은 10여 개의 크고 작은 폭포를 가진 자연공원으로 여러 갈래로 걸을 수 있는 길과 야영장도 있어 주말이면 이곳 사람들이 즐겨 찾는다.

　지난 주말에는 폭포 쪽으로 갔으나 가는 길목마다 하이커가 많아 마치 우리나라 주말 산행 같은 느낌을 받았다. 걷는 동안 산길 주변에 원시림 같은 숲이 끝없이 이어지지만 한적하다기보다는 분잡하다는 생각이 들었다. 하지만 오늘은 하이커의 발길이 없는 한적한 숲속 길을 걷는다.

작은 계곡의 개울 물길을 따라 흐르는 맑은 물은 바위에 부딪히며 자연의 소리를 만든다. 산새들은 이방인이 자기 영역을 침범하였다고 경고하는 것인지 아니면 찬가인지는 알 수 없으나 쉬지 않고 재잘거린다. 때마침 살랑살랑 부는 바람에 고사릿과 잎사귀 위에 맺혀 있던 물방울이 키 작은 풀잎에 떨어지며 햇빛에 반사되어 수정 구슬처럼 반짝인다.

이슬이 맺힌 길을 따라 걷다 보니 어느새 등산화가 흠뻑 젖는다. 원시림 속에서 군락으로 자란 검푸른 미국 소나무 숲은 자기만 처다보라고 질투라도 하듯, 맑은 하늘을 가렸다 보여주기를 반복한다. 햇빛이 덜 닿는 숲속 나뭇가지를 이끼가 둘러싸고 있어 누군가가 초록 옷을 입혀 놓은 것 같다.

'운동은 보약'이다. 운동은 건강을 지키는 데 도움이 되지만, 잘못된 운동 습관과 방법은 부작용을 초래할 수 있다. 마치 병을 고치기 위하여 의사의 처방 약을 먹는 것이 중요하듯 몸과 나이에 알맞은 운동을 해야 한다.

운동할 때 몸을 움직이는 힘은 골격근의 수축으로 일어나고 골격근의 수축은 신경계통의 작용으로 조정된다. 이때 필요한 에너지는 호흡계와 순환계에서 공급한다. 이처럼 원활한 운동을 하기 위해서는 근육계와 신경계, 호흡계와 순환계 등 몸의 여러 기관이 유기적으로 작용해야 한다.

몸은 적당히 움직이면 건강하고 활기가 넘치나 움직이지 않으면 퇴화한다. 몸속 기관들의 기능을 유지하기 위해서는 건강보조식품이 아니라 신체활동을 통하여 적절한 자극을 줘야 한다. 왜냐하면 운동으로 인한 자극은 생리적·생화학적 활성화에 긍정적인 역할을 하기 때문이다. 운동으로 체력이 좋아지면 힘든 일을 하거나 스트레스를 받았을 때도 몸을 보호하고 안정적으로 적응할 수 있기 때문이다.

현대인은 생활습관병lifestyle related disease의 가두리에 갇혀 있다. 이 병은 잘못된 식습관에서 비롯된 병으로 열량이 높은 식사, 균형 잡히지 않은 식단과 불규칙한 식사, 운동 부족, 과로와 스트레스 등이 복합적으로 연관되어 발병한다. 이런 굴레에서 벗어나려면 바른 식습관과 운동을 생활화하는 것이 최고다.

누구나 할 수 있는 걷기 운동은 가장 안전하면서도 손쉽게 할 수 있는 유산소 운동이다. 겉보기에는 걷기가 단순하게 보이지만 한 걸음 떼는 순간 몸에서는 200여 개의 뼈와 600개 이상의 근육이 일제히 움직이고 모든 장기는 활발하게 작동한다. 보건의학적으로 걷기는 신비롭고 과학적인 온몸 운동이라고 한다. 그뿐만 아니라 걷기는 허리나 무릎 발과 관절에 무리한 하중을 주지 않기 때문에 운동을 처음 시작하는 초보자, 중년의 노약자, 심장병 환자, 비만자에게도 적합하다.

유산소 운동인 걷기는 충분한 양의 산소를 몸속에 공급함으로써 혈액순환을 촉진하고 심장과 폐 기능을 좋게 해준다. 또한 체지방을 태워 비만을 개선하고 성인병을 예방하고 관리하는 데 좋다. 특히 걷기는 '한국인의 5대 질병'이라고 하는 고혈압, 심장병, 당뇨병, 뇌졸중, 암을 관리하는 데에도 도움이 된다.

걷기 운동은 뼈를 자극하여 골다공증을 예방할 수 있으며 스트레스, 우울증, 불안감도 줄여 정신건강에도 도움이 된다. 이외에도 면역력을 키워 감기와 같은 호흡기질환에도 효과를 볼 수 있다. 이처럼 걷기 운동은 장소나 시간, 기구나 돈을 들이지 않고도 할 수 있어 '도랑 치고 가재 잡는' 효과를 얻을 수 있다.

세계적으로 알려진 장수촌의 지형과 기후 조건을 살펴보면 대다수 지역은 공기가 맑고 건조한 산간지방으로 기복이 심하고 많이 걸을 수밖에 없는 곳이다. 일상생활에서 얼마나 많이 걷고 움직이느냐가 장수와 직결된다는 것을 알 수 있다.

세계보건기구는 21세기를 맞이하면서 "Move for Health"라는 슬로건을 내걸었다. 건강을 위해서는 많이 움직이라는 것이다. 얼마 전 미국 시사주간지 《타임》은 '뛰지 말고 걸어라'는 제목의 기사를 실었다. 1주일에 5차례 하루 30분씩 걷는 것이 건강의 필수 요건이라고 하였다. 많은 의학 논문에서 성인병의 운동 방법은 기구에 의한 높은 강도의 운동이 아니라 걷기와 같은 낮은 강도의 운동을 꾸준히 실천하라고 권고한다.

생각은 행동을 낳고 행동은 습관을 낳는다. 바른 습관은 건강을 지킨다. 그릇된 건강 지식과 습관을 버리고 올바른 건강 행동으로 바꿔 생활화한다면 보다 향상된 건강과 즐거운 삶을 즐길 수 있다.

생각이 변하면 인생이 달라진다. 일상의 삶 속에서 많이 움켜잡는 것보다는 만족할 줄 아는 마음을 가져보면 어떨까. 숲이 울창하고 호젓한 숲길을 걷다 보면 피톤치드가 가득한 맑은 공기를 누구나 허락 없이 맘껏 마실 수 있다. 그리고 도시의 기계음에서 벗어나 자연의 소리와 어우러져 싱그러움을 느낄 수 있다. 이처럼 일상의 걷기 운동은 가장 보편적인 수단이고 한적한 숲속 하이킹은 여러 운동 중 단연 최고다.

IV. 고전의 울림

되돌아보면 자신의 행동에 대한 당위성을 만들어 게으름도 피웠고, 빈둥거리며 시간을 낭비하였으며, 이런저런 구실을 찾아 살았는지도 모른다. 하지만 치열하였던 삶에서 은퇴한 지금은 자기 생각과 행동에 대하여 스스로 긍정하고, 영혼 속에 품을 수 있는 달을 찾아 그 길을 가고자 한다.
— 〈이상을 찾아〉 중에서

오만과 편견을 극복한 사랑
— 제인 오스틴, 《오만과 편견》

영국인이 사랑하는 여류소설가 제인 오스틴의 역작 《오만과 편견》은 당대 최고의 로맨스 소설로 영국 문학사에서 '위대한 전통'을 창시했다는 평가를 받는다. 영국 BBC가 지난 천 년간 '최고의 문학가' 조사에서도 셰익스피어에 이어 2위를 차지한 것으로 조사되었을 만큼 영국을 대표하는 여류작가다.

오스틴은 이 작품을 1797년 〈첫인상〉이라는 제목으로 완성하였으나 수정을 거쳐 1813년에 《오만과 편견》으로 출판하였다. 이 소설은 영국의 한적한 시골 마을 하트퍼드셔를 배경으로 등장인물의 오만과 편견에서 일어나는 사랑의 엇갈림을 그린 연애소설로 그녀 작품 중에서도 최고의 걸작으로 꼽는다.

소설은 200년이 지난 지금도 서양 고전 중 로맨스 부문에서는 톨스토이의《안나카레리나》와 함께 많은 사랑을 받는다. 그녀 사망 200주년이 되는 올해, 여성으로는 여왕에 이어 두 번째로 신권 십파운드 지폐의 인물로 선정된 것만 보더라도 영국인이 그녀를 얼마나 사랑하고 있는지를 알 수 있다.

사회적 배경과 구성 이 소설의 무대가 된 1800년대 전후의 유럽은 나폴레옹 전쟁으로 혼란하였다. 영국도 영향을 받았지만, 작품 속에서 그런 부분은 거의 서술하지 않았다. 그러나 귀족 신분은 아니지만 소유한 토지가 많은 부유한 젠트리와 가진 것이 변변찮은 젠트리의 삶을 생동감 있게 묘사하였다. 젠트리는 혈통과 재산, 친족의 경제적 수준에 따라 일반적인 사교 의례에서는 동등한 대우를 받지만, 결혼과 상속 등의 문제에서는 그렇지 못하였던 사회적 실상을 가감 없이 진술하게 표현하였다.

작품 구성은 당대 젊은이들의 사랑과 결혼 과정을 비판적 시각으로 파헤쳤다. 계층 간 물질 중심의 생활상과 허례 의식을 풍자하고, 도덕의식을 예리하게 표현함으로써 작품의 완성도를 높였다. 특히 등장인물의 성격을 섬세하게 묘사하고, 신분과 경제적 실상에 따른 갈등 요소를 그들의 성격과 연계하여 전개함으로써 독자를 작품 속에 깊이 빠져들게 한다.

등장인물 엘리자베스는 딸만 다섯인 베넷 가문의 둘째 딸로 자존심이 강하고 영리하지만 얌전한 숙녀와는 거리가 멀고, 불의를 보면 참지 못하는 당찬 처녀다. 자매 중에서 가장 똑똑하여 아버지 사랑을 많이 받는다. 그리고 언니 제인, 외삼촌 가디너와 외숙모, 친구 샬럿 루카스와도 좋은 감정으로 우정을 유지한다.

다아시는 엄청난 재산을 가진 부자로서 키도 크고 미남이다. 예의 바른 신사지만 거만하고 차가운 성격 탓에 첫인상이 그리 좋지 못하다. 하지만 절친한 친구 빙리를 포함하여 그를 아는 사람들 사이에서는 사려 깊고 배려심이 많다는 평가를 받는다.

그 밖의 등장인물은 좋은 신랑감을 찾아 다섯 딸을 시집보내는 것을 인생의 목표로 삼는 극성스러운 어머니, 자식을 극진히 사랑하는 너그러운 아버지, 빙리와 여동생, 위컴, 콜린스, 캐서린 부인, 조지아나 등이 있다. 주인공뿐만 아니라 등장인물을 작품 구성과 흐름에 따라 오밀조밀하게 연결하여 써 내려감으로써 독자의 이해력을 높여준다.

줄거리 소설은 제목부터 두 사람 관계를 말해주는 강렬한 느낌을 받는다. 작품에서는 젠트리 계급의 부유한 남자 다아시와 같은 계층의 신분이지만 소유한 토지가 넉넉잖은 가문의 여자 엘리자베스가 등장한다. 둘은 시골 하트퍼드셔의 무도회장에서 첫 만남이 이루어진다.

다아시는 낯섦 탓에 입을 꾹 다물고 심각한 표정을 짓고 여자들과 춤추지 않는다. 친구 빙리가 다아시에게 다가와 엘리자베스와 춤출 것을 권유하자 그는 그럭저럭 봐줄 만하지만, 구미가 통할 만큼 예쁘지 않다는 투의 이야기를 하며 거절한다. 그녀는 다아시와 빙리의 대화 내용을 엿듣고 오만한 다아시를 용서할 수 없으며, 부자라고 가난한 시골 사람을 무시한다는 편견을 갖게 된다.

소설은 첫 만남에서 생긴 오해와 불신 때문에 다아시는 그녀의 참된 모습을 보지 못하고, 엘리자베스는 그가 총명하고 너그러운 사람이라는 사실을 알아보지 못한다. 둘 사이에는 회복할 수 없을 정도로 팽팽한 갈등(오만과 편견) 구조를 가지고 전개된다.

그러나 첫 만남에서 좋은 감정을 느끼지 못한 다아시는 몇 차례 그녀를 만나면서 아름답고 지적인 매력을 발견하고부터 흐름은 반전된다. 다아시는 그녀의 자신에 찬 언행과 맑고 순수함에 반하여 마음의 문을 열고 다가선다. 그는 뜻을 알 수 없는 표정으로 그녀를 쳐다보거나 일부러 찾아가서는 한마디 이야기도 나누지 않고 멍하니 있다가 돌아가는 등 말없이 호감을 표현한다. 하지만 그녀는 다아시의 그런 행동이 자신을 향한 적극적인 구애로 보지 않는다. 다아시는 그녀 주위를 맴돌다 서툰 애정 표현으로 청혼하지만, 마음을 얻지 못한다. 그 이유는 그녀가 다른 사람에게서 들은 몇 가지 사실에 대한 오해와 편견 때문이었다.

엘리자베스는 결혼 조건을 무엇보다 진정한 사랑이라고 믿는다. 그녀는 다아시가 친구 빙리와 언니 제인의 결혼 이야기가 오 갈 때 명망 있는 가문 출신이 아니라고 반대한 것을 알고 있다. 그녀는 그 사실을 알고부터 다아시를 오만이 가득 찬 속물로 여기고 있었기에 그의 청혼을 한 치의 망설임 없이 거절한다.

다아시는 청혼을 거절당하던 날 하트퍼드셔를 떠나면서 말로 다 설명하지 못한 자신의 심정과 그녀가 오해하고 있는 부분에 대하여 어떻게 소명할까 밤새 고민한다. 다아시는 단순한 변명이 아니라 당시 처한 상황을 진솔하게 글로 적어 그녀에게 보낸다. 엘리자베스는 다아시가 보내온 편지에서 여러 증언을 접하며 지금까지 편견으로 바라본 자신을 부끄러워한다. 그리고 다아시가 너그럽고 사려 깊은 신사라는 사실도 알게 된다.

다아시도 그동안 신사답지 못한 자신의 행동을 반성하고 그녀의 마음을 열기 위하여 태도를 바꾼다. 엘리자베스도 경박한 콜린스와 성실하지 못한 워컴을 만나면서 얻은 경험에서 첫인상이 중요하지 않다는 사실을 깨닫는다. 결국 두 사람은 그들 사이를 가로막고 있는 오해와 불신을 극복하고 진실한 사랑을 이루어 가는 과정을 섬세하게 그린 것이 이 작품의 핵심 줄거리다.

들여다보기 소설에는 엘리자베스와 다아시 외에도 세 커플이 등장한다. 아름답고 온화한 언니 제인과 마음씨 착한 빙리의 이야기, 막내딸 리디아와 제복 입은 워컴 이야기, 루카스와 성직자 콜린스의 우울한 결혼 이야기가 등장한다.

　18~19세기 당시 결혼 적령기 여자는 경제활동을 전혀 할 수 없었기에 안전한 삶을 보장해 줄 수 있는 유일한 수단은 사회적 지위와 경제적인 수단을 가진 남자와 결혼하는 것이다. 루카스는 콜린스에게 마음이 끌리지 않았지만 특별한 경제적 수단이 없는 그녀로서는 어쩔 수 없는 선택이었다.

　그러나 엘리자베스는 다른 여자들과 달리 단호한 성격과 바른 품행을 가진 그녀답게 베넷 가문의 한정 상속자인 콜린스의 청혼을 냉정하게 거절하고 다아시의 청혼을 받아들인다. 두 사람은 사랑을 얻기 위하여 그들 사이에 가로막혀 있던 오해와 불신을 해소하기 위하여 노력한다. 그 과정에서 다아시는 자신의 오만한 행동을 바꾸었고 엘리자베스는 그릇된 편견을 버림으로써 사랑을 얻는다.

　네 커플의 결혼 과정을 자세히 살펴보면 운명은 사랑하는 상대를 어떻게 선택하느냐에 따라 변한다는 결론에 이른다. 오스틴은 재치 있는 글솜씨로 네 커플이 배우자를 찾는 과정을 가볍고 유희적인 문체로 쓰면서도 당시 생활상과 사회 내면에 가려진 인습과 풍습을 가감 없이 전한다.

끝맺기　오스틴은 이 소설에서 젊은이들의 사랑과 결혼에 관한 이야기를 아름답게 그려내면서 시대를 초월한 영원한 숙제는 사랑이라는 메시지를 전한다. 또한 사랑을 시작하는 연애 과정에서 남자는 오만함에 빠지기도 하고 여자는 편견에 사로잡히기도 한다는 것을 보여준다. 그러나 진정 원하는 사랑을 얻기 위해서는 그들 사이에 가로막혀 있는 장막을 스스로 거둬야 한다는 것도 알려준다.

  사회적 지위와 경제적 기반이 삶의 중심을 이루는 이 시대 젊은 이들의 결혼 과정에서도 수 세기 전 소설 속에 그려진 루카스처럼 자신이 원하는 진정한 이상형의 만남도 중요하지만, 현실적인 실리를 선호한 것도 사실이다. 또한 소설 속에 그려진 네 커플의 결혼 행태가 지금도 이어진다. 그러나 주인공 엘리자베스처럼 당당하게 자존심을 지키면서 그들 앞에 닥친 어려움을 슬기롭게 극복하는 그녀의 모습이 어찌 아름답지 않겠는가.

존재의 가벼움에 대한 철학적 사유^{思惟}
— 밀란 쿤데라, 《참을 수 없는 존재의 가벼움》

"슬픔은 형식이었고, 행복이 내용이었다. 행복은 슬픔의 공간을 채웠다."

'슬픔'은 그들이 '종착역'에 있는 것이고 '행복'은 그들이 '함께 있다'는 이야기로 화자가 소설 뒷부분에서 이야기한다. 교통사고로 죽기 직전 한적한 시골 파티에서 피아노와 바이올린 소리에 맞춰 토마시가 테레자와 마지막으로 춤추며 행복해하는 모습을 표현한 글귀다.

슬픔의 종착역은 토마시가 의사로서의 모든 의무와 권리를 버리고 끝없는 나락으로 추락하여 트럭 운전사로 일하는 것이고, 행복은 연민으로 맺어진 테레자와 사랑을 통하여 함께 살면서 슬픈 삶 속에서도 오직 그녀와 춘 춤으로 행복한 공간을 채운다는 것이다. 두 사람이 살아 온 과정은 험난하였지만, 마지막에서야 삶의 무거움과 가벼움을 초월하여 진정한 사랑의 감정을 느낀다.

소설은 '존재의 가벼움'을 참을 수 없다는 것에서부터 출발한다. 토마시는 우연히 만난 테레자를 통하여 감정의 가벼움에서 무거움으로 변하는 과정을 겪으며 우정이 아니라 진정한 참사랑을 알게 된다.

밀란 쿤테라의 《참을 수 없는 존재의 가벼움》은 1968년 '프라하의 봄'이라는 역사적 격동기에 당시 체코의 시대적 감수성과 상황을 배경으로 한다. 소설은 네 사람의 지극히 개인적인 삶과 사랑을 가벼움과 무거움의 보편적 의미를 중심으로 풀어간다. 그리고 작품에는 철학, 정치사상, 시대적 통찰 등 여러 요소를 깊고 짜임새 있게 전개하면서 절대 가볍지 않은 주제들을 다루고 있다.

등장인물과 줄거리 토마시는 잘 나가는 외과 의사로 가벼운 사랑만 찾아다니는 바람둥이다. 그는 항상 육체적인 우정만 쫒는 사람으로 여자는 쾌락을 추구하는 대상 그 이상 그 이하도 아니라고 생각하는 사람이다.

토마시는 이혼 후 모든 가족의 굴레에서 벗어나 도덕적 의무 등 무거운 관습과 결별함으로써 한층 더 가벼운 삶 속에서 여자들과 에로틱한 사랑만 추구한다. 하지만 가볍게 받아들인 테레자에 대해서만은 연민의 정이 동정으로 바뀌어 그녀가 '바구니에 담겨 흘러내려 온 아기'라며 자신이 지켜주어야 할 사람으로 인식하는 변화가 일어난다.

그 후 두 사람 사이는 권태와 갈등도 있었고, 바람피우는 것을 알면서도 변치 않는 사랑을 보여준 테레자에 대해서만은 차츰 생각을 달리한다. 마침내 토마시는 그녀가 추구하는 '육체에 숨어 있는 영혼', 즉 영혼이 육체를 지배하는 무거운 사랑을 찾는다.

두 사람은 소련의 프라하 침공으로 쥐리히로 망명하지만 테레자 혼자 프라하로 되돌아가 버리자, 토마시도 위험을 무릅쓰고 그녀 곁으로 가기 위해 스위스를 떠난다. 결국 그는 가벼운 연민으로 시작된 사랑이 어느새 자신의 모든 것을 포기하게 만드는 존재가 되었고, 가벼움이 무거움으로 변화하여 그녀의 삶 속에 안주한다. 돌이켜 볼 때 토마시를 거쳐 간 수많은 여인이 가벼움의 '육체적 행위'였다면 테레자는 무거움이 깃든 숭고한 '영혼의 사랑'이다.

테레자는 토마시와는 다른 사랑을 추구한다. 그녀는 보헤미아 지방의 시골 출신으로 홀어머니로부터 부당한 학대를 받으며 레스토랑 종업원으로 일한다. 교양이 부족한 어머니는 테레자의 아버지로 아홉 명의 청혼자 중에서 가장 남성적인 아홉 번째 남자를 선택하였다.

　그녀는 어머니의 세계, 즉 모든 육체가 평등하고 향락이 가득한 가벼움의 세계에서 벗어나고자 몸부림친다. 책을 읽으면서 자신의 자아 정체성을 찾으려고 노력하고 육체를 통하여 영혼의 사랑을 좇는 여인으로서 무거움의 사랑을 추구한다.

　그녀는 처음 만난 토마시와의 사랑을 우연이라고 생각할 수도 있지만, 운명으로 받아들인다. 그리고 이 운명을 놓치지 않기 위하여 톨스토이의 소설 《안나 카레니나》를 손에 들고 무작정 프라하에 있는 토마시를 찾아간다.

　왜 그녀는 하필이면 이 책을 들고 갔을까. 안나가 모든 것을 포기하고 브론스키를 열정적으로 사랑하여 끝에는 돌이킬 수 없는 극단적 결과로 이어진 것처럼 그녀도 결연한 의지를 토마시에게 전하기 위함이었을까.

　테레자는 그를 만나 특별해지고 싶었다. 결혼으로 신분 상승은 이루었으나 다른 한편으로는 그녀의 자존감이 토마시의 강한 세계에 갇히는 두려움도 느낀다. 소설에서 "그녀의 육체가 토마시에게 유일한 육체가 될 수 없었고 테레자 인생의 가장 큰 전쟁에서 패배한 육체이기에 그렇다면 멀리 꺼질지어다 육체여!"라며 외치는 화자의 말에서 보듯이, 그녀는 토마시를 질투할 수밖에 없다.

　하루는 테레자가 탈출구로 바에서 만난 낯선 기술자와 의미 없는 외도를 한다. 하지만 그녀는 항상 육체가 영혼을 따라야 한다고 생각하기에 외도는 토마시와 같은 쾌락 추구가 아니었고, 그저 죄책감과 비참함의 고통에서 잠시 가벼움만 느꼈을 뿐이다.

사비나는 체코 출신 화가로 가벼움을 지향한다. 그녀는 토마시가 테레자를 만나기 전에 이미 그와 육체적인 관계로 이어진 연인이다. 두 사람은 사랑이 아니라 쾌락만 추구하는 사이였고, 그녀는 유부남인 프란츠의 연인이기도 하다.

그녀는 전체주의 집단 수용소 행진을 강요하는 공산주의와 사랑의 형태를 강요하며 가르친 가부장적인 아버지 역시 키치(kitch, 通俗的인 의미)라고 거부한다. 그녀는 화가로서 자신의 그림에서 추구하는 의미나 주제를 부여하듯이 키치적인 삶을 살아야 하나, 그녀는 비非키치를 선호하고 가벼움만 추구한다.

그녀는 체코가 소련에 점령당하자 스위스와 파리로 망명을 떠나지만, 그곳에서도 소련의 침공과 공산주의에 대항하는 반체제 모임을 일절 거부한다. 사랑의 가치에서도 정조와 진실한 사랑보다는 정념情念에 사로잡힌 불륜과 배반을 훨씬 편하게 생각함으로써 토마시와도 잘 맞는다.

그 후 사비나는 프란츠의 지고지순한 사랑에 무거움을 느낄 즈음 그녀는 오히려 파리에서 뉴욕과 캘리포니아로 홀연히 떠돌이 생활을 하면서 모든 것이 꾸며지고 허위인 키치에서 벗어나고자 배반의 삶을 산다.

시간이 흘러 사비나는 토마시와 테레자의 소식을 접하고 가장 비키치적인 줄 알았던 토마시가 키치적 공간에서 살다가 죽은 것을 알게 되면서 그녀도 가벼운 사랑을 버리고 프란츠를 그리워하지만 이미 때가 늦은 것을 알고 자신의 길을 간다.

프란츠는 스위스 과학자 출신의 교수로 무거움을 지향한다. 부유한 가정에서 훌륭한 교육을 받고 아내와 딸을 둔 안정적인 삶을 산다. 하지만 그는 평범한 삶 속에서 자신이 겪어보지 못한 반항심을 마음 한구석에 항상 가지고 있다.

프란츠는 아내를 만났을 때 결혼할 생각이 없었지만, 결혼에 대하여 극단적으로 이야기하는 그녀의 모습에 끌려 결혼하게 된다. 그런 프란츠 앞에 체코에서 망명 온 사비나가 나타나자 마치 사랑의 여신을 만난 듯 열렬히 사모한다. 그리고 그녀가 산 세계가 가진 '체코' '혁명' '망명' 등의 반항 아이콘이 가진 무거움의 매력에 빠져 결국 가족을 버린다.

프란츠는 자신이 가지지 못한 것을 가지고 있는 그녀를 사랑하지만 사비나는 그런 그가 부담스러워 결국 그의 곁을 떠난다. 프란츠는 그녀가 떠나자 또 다른 여인과 사랑에 빠지나 사비나가 가진 세계를 계속 그리워한다.

프란츠는 인류애적 키치를 따라 캄보디아 지식인들의 대장정에 참여한다. 하지만 키치가 실제로는 껍데기에 불과하다는 것을 깨닫고 허무함을 느껴 파리로 돌아가려 하였으나 방콕에서 죽는다.

소설에서 프란츠 하면 생각나는 문장이 있다. '지랄 총량의 법칙'이다. 즉 사람은 평생 무난하게 살 수는 없다. 사람마다 지랄의 총량이 있고, 살면서 한 번은 이 지랄을 다 채워야 한다는 법칙인데 아마도 프란츠 자신은 이루고자 하는 것을 다 이루고서야 자신의 지랄이 터진 것이다.

네 명의 주인공 이외 7부에서는 매일같이 반복적으로 입에 크루아상을 물고 다니는 테레자와 토마시의 반려견 카레닌 이야기를 마지막으로 다루면서 소설은 끝난다. '카레닌의 미소'라는 목가적인 제목이 붙여진 부분에서는 테레자는 '전원시'라는 단어를 중요하게 생각하며 구약성서 창세기의 낙원 이미지로 기억한다. 그곳에서 인간은 쫓겨났으나 동물은 추방되지 않고 살았다는 명제에서 인간과 개 사이의 사랑은 전원적이라고 생각한다.

구성과 특징 소설의 구성은 등장하는 남녀 각 두 사람을 7부로 나누어 소주제 중심으로 독자들이 내용을 이해하는 데 도움을 준다. 하지만 전체적인 흐름을 파악하는 데에는 소설의 구조상 각 부가 시간상으로 앞서거나 뒤서면서 다소 혼란스럽다. 그러나 네 사람의 사랑 이야기는 '쾌락과 행복', '허무와 권태'를 중심으로 깊고 짜임새 있게 다룬다. 소설 속 매력적인 줄거리의 흐름은 독자에게 연민을 불러일으키면서도 한편으로는 카타르시스를 느끼게 한다.

소설의 특징은 화자인 '나'의 이야기를 따라가는 방식으로 작가는 소설의 흐름을 완벽하게 독점하여 자기중심으로 가져간다. 그리고 철학 소설에 가까우면서도 치밀하게 구성된 반복적인 서술은 튼튼한 기하학적 구조로 되어 있다. 이처럼 《참을 수 없는 존재의 가벼움》은 철학적 사유思惟가 풍부한 밀란 쿤테라의 작품 중에서 가장 아름다운 사랑의 미학을 느낀다.

'가벼움'과 '무거움' 이 주제어는 소설의 핵심으로 밀란 쿤테라는 처음부터 '가벼움'과 '무거움'을 끝까지 끌고 간다. 특히 니체의 '영원회귀 사상'을 빌려 무거움을 소설 시작부터 설명함으로써 독자들이 읽는 데 어려움에 빠지게 한다.

"영원한 회귀의 세상에서는 몸짓 하나하나가 견딜 수 없는 책임의 짐을 떠맡는다. 바로 그 때문에 니체는 영원 회귀의 사상은 가장 무거운 짐(das schwerste Gewicht)이라고 말했던 것이다."

화자는 이어서 "영원한 회귀가 가장 무거운 짐이라면 이를 배경으로 거느린 우리 삶은 찬란한 가벼움 속에서 그 자태를 드러낸다."면서 독자들에게 '무거움은 진정 끔찍하고 가벼움은 아름다울까'라는 질문을 던진다. 이어서 '그렇다면 무엇을 택할까, 무거움 아니면 가벼움' 하면서 파르메니데스가 제기하였던 양분된 모순의 문제를 중심으로 '가벼운 것은 긍정이고 무거운 것은 부정적이라고 한 것이 맞을까 이것이 문제다'라며 질문을 또 던진다. 그리고 마지막으로 '모든 모순 중에서 무거운 것과 가벼운 것의 모순이 가장 신비롭고 가장 미묘하다'며 가벼움과 무거움의 전개 방향을 암시한다.

토마시는 영원회귀에 대하여 'einmal ist keinmal', 즉 '한 번은 중요치 않다. 한 번뿐인 것은 전혀 없었던 것과 같다'며 되된다. '한 번만 산다는 것은 전혀 살지 않은 것과 마찬가지'라며 영원성이 무거움이라면 일회성은 가벼움이라고 한다. 하지만 이 대립가설이 옳고 그름이나 좋고 나쁨의 가치로 환원되는 것은 결코 아니다.

'우연'과 '필연' 토마시와 테레자는 여섯 번의 '우연'이 반복되면서 필연적 사랑으로 이어진다. 반복된 우연, 우연의 필연성, 그리고 우연인지 필연인지 모르는 상황들이 이어진다. 화자는 "하나의 사랑이 잊히지 않는 사랑이 되기 위해서는 성 프란체스코의 어깨에 새들이 모여 앉듯 첫 순간부터 여러 우연이 합해져야만 한다"며, 필연과 달리 우연에는 이런 주술적인 힘이 있어야 한다고 말한다.

주술적 힘의 결정은 무엇일까. 토마시는 존재의 달콤함을 만끽할 수 있는 "파르메니데스의 마술적 공간"에서 무거운 베토벤의 현악 4중주곡 16번, 4악장의 모티브가 된 글귀 'Muss es sein?'(그래야만 하는가), 'Ja, es muss sein!'(네, 그래야만 합니다)라는 말로 결정에 이르게 되고, 이때 토마시의 마음은 베토벤의 암시를 통해 이미 테레자 곁에 가 있었다.

토마시는 스스로 200명의 여자를 만났다고 말할 정도로 육체적 우정을 즐겨 찾는 가벼운 만남을 좋아한다. 하지만 함께 잠을 자지는 않는다. 그런 그가 유일하게 같이 잔 사람은 테레자 뿐이다. 즉 진정한 사랑은 그녀뿐이라는 표징이다. 시작부터 두 사람은 전혀 어울리지 않을 것 같았지만 토마시는 우연히 만난 그녀의 무거운 사랑에 차츰 이끌려 그녀 품에 정착하게 된다.

끝맺기 밀란 쿤테라의 《참을 수 없는 존재의 가벼움》은 삶의 가벼움과 육체의 사랑을 추구하는 외과 의사 토마시, 운명적 사랑을 기다리는 순박한 여인 테레자, 토마시의 비키치적인 모습을 사랑하고 자유로운 영혼을 가진 화가 사비나, 남들과 다른 점을 가진 사비나를 사랑하는 대학교수 프란츠 등 네 명의 사랑과 성에 관한 이야기다.

그뿐만 아니라 '행복'이라는 명제를 통찰하게 하는 부분도 있다. 즉 행복은 반복에서 오고 '쾌락'은 일회적인 것에서 오지만 행복을 추구하는 데 어려움은 바로 반복에서 오는 권태 때문이라고 한다. 그리고 쾌락을 추구하는 과정에서 필연적으로 맞닥뜨리는 것은 '허무'라고 말한다.

토마시는 가벼운 사랑을 좇다가 결국 허무의 늪에 빠졌고, 그곳에서 벗어나기 위하여 멀리 있는 길을 돌아 무겁지만 진정한 사랑을 추구하는 테레자의 품에 안겨 행복을 찾는다. 바로 이 소설의 백미는 쾌락과 행복, 허무와 권태를 짜임새 있게 써 내려가면서 삶의 깊은 철학적 사유를 담은 에세이 같은 화자의 논평이 중간에 반복적으로 말해 주고 있어 또 다른 묘미를 느낀다.

   작품을 들여다보면, 참을 수 없는 삶 속에서 가벼움과 무거움을 오가는 우리들의 자화상을 볼 수 있고, 더 깊이 들어가면 철학과 세계관이 포함된 것도 알 수 있다. 즉 삶의 '가벼움과 무거움', '영혼과 육체', 대장정으로 표현되는 '키치', '카레닌의 미소' 등 존재의 가벼움을 느껴보지 못하고 사는 현대인의 심리적 상처에 깊은 위안과 울림을 주는 밀란 쿤테라의 역작이다.

   1984년에 발표된 이 작품은 프랑스어판 서문에 "금세기 최대의 소설가 중 한 사람으로 소설이 빵과 마찬가지로 인간에게 없어서는 안 되는 것임을 증명해주는 소설가"라는 극찬의 평가를 받는다. 밀란 쿤테라는 보카치오, 라블레, 디드로, 무질, 곰브로비치, 브로흐, 카프카, 하이데거, 니체, 베토벤 등 다양한 사상가와 예술가들로부터 얻은 영감을 작품 속에 그려놓음으로써 독자들이 깊은 철학적 사유를 즐길 수 있게 한다.

뫼르소와 부조리
— 알베르 카뮈, 《이방인》

"오늘 엄마가 죽었다."

"그건 제 탓이 아닙니다."

"엄마 일만 없었다면 산책하기에 얼마나 즐거울까 하는 생각이 들었다."

카뮈의 소설 《이방인》에서 망자의 아들 뫼르소가 한 말이다. '생전 모자 사이에 어떤 사연이 있었기에 이렇게 말할 수 있을까' 하는 생각을 해보아도 소설에는 설명이 없다. 하지만 소설 초입부터 이런 문장을 읽으며 받는 느낌은 부조리한 삶에 저항하는 '이방인'의 의미를 암시하는 듯하고, 그 흐름을 잃지 않고 따라가기 위하여 문장을 곱씹으며 읽는다.

어머니 장례를 치르는 이틀 동안 예법에 무감각한 그의 태도와 행동은 마롱고에 있는 양로원 사람들 눈에는 어떻게 비추어졌을까. 뫼르소의 행동은 당시 사회적 관습, 전통적 도덕과 윤리관, 그리고 종교적 기준으로도 도저히 설명할 수 없다. 그런데도 그는 자신의 행동에 대하여 "내 탓이 아니지 않냐"고 반문한다.

맞는 말일까. 되돌아보면 그가 처한 상황에서 울지도 못하고 그렇다고 식사도 거른 채 칩거하여 울면서 우울증에 빠질 수도 없는 노릇이 아닌가. 그런 처지에서 뫼르소는 "그런 말은 무슨 소용 있겠는가"라는 항변에서 부조리한 세상에 대한 그의 생각과 가치관을 엿볼 수 있다. 그리고 사회에서 벗어나 무관심한 이방인으로 살 수밖에 없는 소설의 흐름도 짐작하게 한다.

카뮈 소설은 다른 작가에 비하여 길게 쓰는 편은 아니지만, 작품에서는 어김없이 시대적 상황을 고려한 부조리 철학을 담고 있다. 소설에서도 사회적 관습이나 윤리, 기독교적 가치관에서 벗어난 존재인 뫼르소를 통하여 아웃사이더 세계에서 외롭게 사는 이방인의 존재를 투영하고 있다.

소설에서는 세 죽음의 이야기가 서로 얽히고 얽히는 연관성을 이어가며 전개된다. 첫 번째는 어머니의 죽음이다. 뫼르소는 양로원에서 생활하는 모친의 부고訃告를 받고 간다. 장례식장에 도착하여 어머니의 마지막 모습을 볼 수 있는 기회가 두 번 있었지만 거부하고 눈물 한 방울 보이지 않은 채 시신 앞에서 담배를 피운다.

그날 양로원 친구들이 망자와 마지막 밤을 새울 때 커피를 마시고 곧 잠들어 버리는 매정함도 보인다. 매장할 때 누가 어머니 나이를 물었지만, 그는 나이를 알지 못하자 대답을 피한 채 주변을 살피는 데에만 정신이 팔린다.

장례를 치르고 알제로 돌아간 뫼르소는 상장喪章을 하고 해변에 해수욕하러 갔다가 옛 동료 '마리'라는 여인을 만나 즐겁게 수영하고 저녁에는 그녀와 함께 코미디 영화를 본다. 그것도 모자라 어머니와 추억이 남은 집에서 동침한 것을 볼 때 전통적 가치관을 가진 사람의 눈으로 보면 그의 내면세계를 어떻게 이해할까.

두 번째는 아랍인의 죽음이다. 뫼르소는 어느 날 같은 층에 사는 건달 레이몽과 연인 사이에 얽힌 치정 문제로 발생한 사건에 휘말려 그에게 유리한 진술서를 써 준다. 그 후 레이몽은 친구 마송이 초대한 해변 별장에 뫼르소도 함께 갈 것을 권유하자 여자친구 마리와 함께 그곳으로 간다.

레이몽, 마송, 뫼르소 남자 셋이서 간 해변에서 그들을 미행한 레이몽 애인의 오빠 일행과 싸움이 벌어진다. 레이몽은 그녀 오빠의 단검에 찔리고 싸움은 끝난다. 하지만 뫼르소는 가슴이 답답하여 싸움 중에 흥분한 레이몽으로부터 빼앗아 둔 권총을 바지

주머니에 지닌 채 혼자 그늘진 샘을 찾아간다. 우연인지 필연인지 알 수 없으나 샘에는 이미 레이몽에게 상처를 입힌 애인의 오빠가 와서 그늘에 누워 있다.

팽팽히 대치하던 중 아랍인이 칼을 꺼냈고 마침 햇볕이 칼날에 반사되어 뿜어져 나오는 강렬한 태양 빛이 눈에 들어온다. 뫼르소는 순간 적의를 가지고 자신도 모르게 방아쇠를 당긴다. 그것도 한 발을 쏜 후 다시 네 발을 발사한다.

세 번째는 자신을 죽음에 이르게 한 법정에서의 사형선고다. 그를 기소한 검사는 사형판결을 끌어내려고 여러 증인을 법정에 세운다. 그는 여러 행위 사이에서 의도적인 연결 고리를 찾아내어 뫼르소의 사악한 본능이 아랍인을 죽였다는 사실을 유인하려 한다. 특히 어머니 장례식과 관련하여 증인으로 참석한 양로원장, 문지기와 간호사가 장례 당일 뫼르소의 행동에 대하여 불리한 증언을 한다. 그러나 뫼르소는 그런 사실에 대하여 단 한마디도 설득력 있게 해명하지 않는다.

뫼르소는 자신이 저지른 살인을 그와는 아무런 이해 관계없이 우연히 일어난 일이라고 법정에서 항변한다. 총을 쏜 이유에 대해서도 오로지 해변에 내리쬐는 강렬한 태양 때문이라는 주장만 되풀이한다. 하지만 검사의 논고는 고의성이 전제된 계획적인 살인이라며, 그 이유는 첫 번째 발사와 두 번째 발사 사이의 시간적 간격이 그 결정적인 증거라고 주장한다. 또한, 뫼르소는 법정에서

뉘우치는 기색을 전혀 보이지 않음으로써 판사, 검사, 변호사와 배심원, 방청객과 기자 등 전통적 가치관 옹호론자들에 의해 불리한 선고가 예견된다.

뫼르소는 재판 과정에서도 자신이 죄인이라는 것을 실감하지 못하는 듯 마치 제삼자처럼 방관자적인 태도를 보인다. 예심과 본심에서 그에게 쏟아진 법정 심문은 아랍인을 왜 살해했는지가 아니라 어머니 장례 때 보여준 태도에 관한 것이 전부였다. 특히 종교적인 전례와 도덕적인 관례를 무시한 뫼르소의 일탈 행동은 그 자체가 사회의 악이고, 그것 때문에 아랍인 살해사건이 일어났다는 것에 방점을 찍는다.

이처럼 뫼르소는 장례식 때 보여준 자신의 태도와 행동, 아랍인 살인 동기에 대한 항변을 재판정에 모인 사람들에게 이해시키지 못함으로써 그는 사악한 본능을 가진 인간으로 비친다. 그 결과 판사와 배심원은 뫼르소를 사회의 적이자 '괴물'이라고 치부하면서 사회 질서를 지키기 위하여 사형을 선고한다. 이 세 죽음은 서로 다르지만, 카뮈의 부조리 철학이 소설의 행간을 이루고 있다.

그 당시 프랑스인이 아랍인을 살해한 경우 식민 지배국 프랑스 법정에서는 치명적인 범죄도 벗어날 수 있었다. 만약 뫼르소가 변호사의 도움을 받아 검사와 판사의 심문에 적극적으로 대응하였다면 사형선고를 피할 수 있었겠지만, 그는 법정에서 한 치의 변명도 하려 들지 않았다. 오히려 자신의 심정을 거짓 없이 진술하게 대답함으로써 스스로 의식적인 죽음을 받아들임으로써 사회에 반항한다.

뫼르소는 사형을 기다리는 동안 그 역시 인간이기에 죽음에 대한 공포를 느끼지만 부조리한 세상의 무관심에 마음을 열고, 자유로운 영혼을 소유한 이방인답게 스스로 죽음을 맞이할 준비를 한다. 하지만 사형이 가까워지자 그동안 몇 차례 방문을 거절하였던 고해 신부가 뫼르소를 찾으면서 분노가 폭발한다.

신부는 하느님께 그를 인도하여 구원받게 하려고 하지만, 뫼르소는 그의 설교에 분노하며 멱살까지 잡는 과격한 행동을 보인다. 뫼르소는 그때까지 살아온 자신의 삶에 대한 진실성을 분명하게 신부에게 외치고 처음이자 마지막으로 어머니를 생각하며 왜 한 생애가 끝나가는 임종 직전에 사랑하는 사람을 두었는지를 떠올리며 이해하려 한다.

소설에서 뫼르소가 보여준 말과 행동은 모두 정직하고 일관된 개념을 가지고 있다. 그는 전통과 규범적인 가치관을 가진 인간들이 소외시키자 그 어디에도 속하지 못하고 고독한 이방인으로 살았고 불평도 하지 않았지만, 죽기 직전에는 고해 신부 앞에서 분노를 표출한다.

세상을 향한 뫼르소의 분노는 고뇌를 씻고 희망을 품었으며, 감옥 창을 통해 밤하늘의 별을 보면서 처음으로 정다운 무관심에 마음을 열었다고 독백한다. 그리고 그는 '전에도 행복하였고 지금도 행복하다는 것을 느꼈다'며 죽음을 앞두고 자신의 심경을 독백처럼 고백한다.

  카뮈는 1913년 프랑스 식민지 알제리의 한적한 시골에서 태어났지만, 아버지는 그가 태어난 이듬해 전장에서 전사하였고, 청각장애인 어머니와 함께 1차 세계대전의 피폐한 전쟁 상흔을 안고 어렵게 성장한다. 청년기에 2차 세계대전의 소용돌이를 경험하면서 세상을 바라보는 시야가 넓고 깊게 자리매김하면서 부조리 철학의 근간을 쌓아간다.

  알제리에 살던 카뮈는 1942년 독일 점령 치하에 있는 파리로 건너가 〈이방인〉을 발표한다. 이 시기 점령군 치하에서 어렵게 살 수밖에 없었던 프랑스인들은 소설 속 뫼르소를 공감한다. 그리고 '이방인'을 '전통적 관습과 전통, 종교적 가치관으로부터 추방당한 세계에 사는 인간'이라고 정의한다.

  소설에서 '부조리'의 궁극적 의미는 반복하는 삶 속에서 우리를 에워싸고 있는 형이상학적 가치의 허구성을 자각하고 삶을 새롭게 해석하는 방향을 제시한다. 카뮈는 《시지포스 신화》에서도 진실로 심각한 철학적 문제는 단 한 가지 즉 자살 문제라고 한다. 그렇다면 뫼르소의 죽음은 자살인가 타살인가. 작품을 읽고 깊은 고민에 빠진다. 뫼르소에게 내려진 사형은 형이상학적 가치와 규범을 중시하는 사람들에게 죽임을 당한다.

  《이방인》은 인간의 실존과 본질을 엄정하게 표현할 수 있는 최적의 수단이라는 것을 보여주는 작품이다. 카뮈 특유의 짧은 문장으로 내용이 길지 않아 읽기 쉬워 보이지만, 인간의 실존과 본질을 담고 있어 결코 쉬운 작품은 아니다. 그리고 작품에는 부조리 철학을 담고 있어 그 흐름을 놓치지 않고 따라가야 한다. 《이방인》은 그 의미를 소유할 수 있는 자만 전율을 느낄 수 있다.

사랑의 이상과 현실
— 귀스타브 플로베르, 《마담 보바리》

《마담 보바리》는 단순한 연애소설이라기보다는 결혼한 여인이 진정으로 소망하는 사랑에 대한 소회를 다룬 소설이다. 플로베르의 《마담 보바리》와 톨스토이의 《안나 카레니나》는 구성과 흐름에서 마치 일란성 쌍둥이와 같은 느낌을 받는다. 두 소설은 여주인공의 불륜이라는 주제의 동일성과 마지막 출구로는 스스로 삶을 포기하는 자살이 그 이유다.

19세기는 여성스럽고 정숙한 여인은 가정의 영역과 결부되어 더욱 억압적인 형태를 띠게 되었던 때였다. 두 주인공은 페미니즘 관점으로 보면 전통과 인습에 대한 저항으로 죽임을 당했다고 볼 수 있다.

엠마는 욕망과 권태 사이를 오가며 마치 시계추처럼 사는 여인이다. 그녀는 자유인이 누릴 수 있는 최고의 기쁨은 정념情念의 노예가 되어 디오니소스적 사랑을 갈망하는 것이다. 이런 그녀의 사랑에 대하여 플로베르는 "연애에 대하여 꿈꾸는 것은 모든 것에 대하여 꿈꾸는 것이다. 그것은 행복 속에 넘치는 무한無限이고 환희가 낳은 신비다"라고 옹호한다. 하지만 안나는 엠마처럼 삶이 지루해서 불륜을 저지르지는 않았다. 오히려 그 반대로 삶에 대한 격정적인 즐거움을 찾으려고 그랬다.

소설의 줄거리를 살펴보면, 엠마는 넉넉하지는 않지만 부족함이 없는 농가에서 태어나 수녀원 부속학교에서 엄격한 교육을 받으며 성장한다. 훗날 아버지 진료차 왕진 온 시골 마을 의사 샤를르를 만나 결혼한다.

그녀는 학창 시절 몰래 읽은 낭만소설 속 허구의 세계를 현실로 착각한 나머지 자신도 그런 생활을 할 수 있을 것으로 생각한다. 하지만 그녀가 맞닥뜨린 실상은 시골 마을에 갇혀 살아야 하고 약품 냄새가 몸에 밴 시골 의사의 아내일 뿐이다. 얼마 지나지 않아 그녀는 자신이 꿈꾸었던 결혼생활이 아니라고 생각하며 실의失意에 빠진다.

그녀의 불만과 권태가 쌓여갈 즈음 보바리 부부는 무도회에 초대받아 간다. 엠마는 놀라운 사교계를 접하고 소녀 시절 읽고 꿈꾸었던 신세계가 거기에 있는 것으로 착각한다. 화려한 옷을 차려입은 여자들과 멋진 신사들, 그리고 은밀하게 이루어지는 사랑을 보고 환상의 꿈을 꾼다. 무도회에서 돌아와 낙심이 커지는 아내를 본 샤를르는 그녀를 위해 시골을 떠나 좀 더 큰 마을로 이사를 간다.

엠마는 용빌에 있는 공중사무소 젊은 서기 레옹을 만나 여러 분야에서 대화가 잘 통하여 끌림은 있었지만, 그와 사랑을 하고픈 감정에는 빠지지 않는다. 그러던 어느 날 로돌프를 운명처럼 만나게 된다. 매력적인 외모와 뛰어난 말솜씨를 가진 바람둥이에게 엠마는 첫눈에 사랑에 빠진다. 그녀는 남편의 경제력을 뛰어넘는 사치스러운 생활로 차츰 빚더미에 앉게 되고 훗날 파산에 이르게 되는 불씨가 된다.

한편 그녀 눈에 비친 남편은 점점 더 답답하고 미련하다고 생각하면서 그의 그런 행동이 자신의 숨통을 죈다고 생각한다. 남편과 사이에서 태어난 외동딸을 사랑하지만 이미 로돌프에게 마음을 빼앗긴 엠마는 가정을 지키지 못한다. 결국 그녀는 모든 것을 다 던지고 함께 도망갈 것을 먼저 제안하고 동의를 받는다. 하지만 전혀 그럴 생각이 없었던 로돌프는 도망치려는 날 함께 도망갈 수 없다는 편지를 보낸다. 엠마는 크게 절망한다.

어느 날 그런 그녀 앞에 청년 레옹이 다시 등장하여 만남이 시작된다. 예전과 달리 수줍어하지도 않고 오히려 엠마에게 적극적으로 다가오는 그를 발견한다. 로돌프로부터 버림받은 사랑의 좌절감 속에서 한 줄기 구원과 같은 레옹의 손길을 피하지 않고 그녀는 자신이 찾던 사랑으로 착각하고 열정적으로 받아들인다.

그와의 그릇된 사랑 행각 속에 그녀의 빚은 차곡차곡 쌓여만 갔다. 결국 감당할 수 없는 지경에 이르자 옛 연인 로돌프에게 도움을 청한다. 자존심과 영혼에 상처를 받을 만큼 냉정하게 거절당하고 레옹에게도 부탁하였으나 역시 매몰차게 거부당한다.

마침내 그녀는 자신이 꿈꾸었던 사랑이 허상이었다는 것을 깨달았고, 자신이 선택할 수 있는 유일한 길은 죽음밖에 없다는 것을 알게 된 엠마는 극약인 비소를 먹고 남편이 지켜보는 앞에서 스스로 삶을 마친다.

엠마에게 샤를르와의 결혼은 쓰디쓴 현실 쇼크였다. 그녀는 따분하고 권태로움을 피하고자 소설 같은 세계로 도피하였고, 나중에는 돌이킬 수 없는 불륜에 빠진다. 그녀가 찾고자 하였던 이상의 세계를 로돌프가 잠시 보여주었지만, 그것은 사치와 성애적인 향유享有의 이상향이었다는 것을 죽음 직전에 알게 된다.

19세기에 이런 일탈은(앙시앵 레짐의 귀족 상류층과는 달리) 사회적으로 용인될 수 없었다. 특히 여자들에게 이런 행동은 '간통한 여자'라고 손가락질 받고 사회에서 추방되는 것을 의미했다. 플로베르는 이 소설에서 처음으로 전형적인 시민계층이 보여주는 결혼생활의 황량한 일상을 그려냈다.

이 소설은 결혼에 대한 '이상과 현실'에 관해 이야기한다. 작품 속 '이상'은 엠마이고 '현실'은 샤를르가 아니라 제약사 오메다. 그녀가 꿈꾸며 쫓았던 결혼 생활의 이상은 나쁘지 않았으나 현실을 망각한 것이 가장 큰 잘못이었다.

삶에서 행복한 쾌락을 추구하는 것은 인간만이 누릴 수 있는 기쁨이다. 하지만 동물적인 욕망만 쫓아서는 안 된다. 취할 것은 취하고 금할 것은 금해야 한다. 고대 그리스인들은 쾌락을 긍정하고 자기 배려로 나아갈 방법을 모색하면서 포기하지 않고 승화시킨 '존재 미학'을 추구하였다.

플로베르는 1856년에 이 작품을 완성하여 《르뷔 드 파리》에 연재하였다. 그러나 작품의 몇몇 대목이 선정적이고 음란하다는 이유로 작가, 잡지 책임자, 인쇄업자가 기소되었다. 하지만 무죄 판결을 받는다. 당시 금기시하였던 통속적 소재를 다루어 더욱 유명해졌다.

그 후 프랑스 철학자 쥘 드 고띠에는 엠마가 과다한 꿈에 휩쓸리고 언제나 그 꿈에 좌절되는 인물관 속에서 그녀의 성격을 보고 '보바리슴'Bovarysme이라는 신조어를 탄생시켰다. 이 말은 오늘날 '과대망상' 또는 '자기 환상' 등으로 그 뜻이 일반화되었고, 정신의학에서는 과거에 대한 추억과 미래에 대한 꿈이 현재를 지배하는 질환으로 분류한다.

플로베르는 낭만주의적 '이상'과 사실주의적 '현실'을 가감 없이 담아냄으로써 이 작품을 '사실주의의 꽃'이라 평가한다. 이처럼 그는 항상 구체적인 표현으로 승부를 겨루고, 사고와 표현을 일치시키는 뛰어난 글솜씨로 작품의 완성도를 높인다.

플로베르가 던진 명문장을 되새겨 본다. "현실에서 이상은 항상 패배하지만 그래도 꿈은 꾸어야 하지 않을까" 하는 메시지는 큰 울림을 준다. 읽는 내내 단순한 사고와 찬란한 문장으로 묘사한 사실적 표현은 잠시도 눈을 뗄 수 없게 만든다. 그리고 이 작품을 읽고나면, 왜 그를 '문학의 그리스도'라고 부르는지 알 수 있다.

조르바의 자유로운 영혼
— 니코스 카잔차키스, 《그리스인 조르바》

    그리스의 문호 니코스 카잔차키스가 야생마 같은 자유인을 묘사한 작품 《그리스인 조르바》를 읽었다. 원제는 "알렉시스 조르바의 삶과 모험"Vios kai politia tou Alexi Zormpa이다. 작가는 노벨문학상 후보에 두 번이나 오르며 그리스 문학을 세계에 알렸다. 이 작품에서 주인공 조르바는 길들지 않고 자신의 의지대로 사는 야성의 영혼을 가진 자유인이다.

    카잔차키스는 1917년 고향인 크레타섬에 머물던 시절 자신의 삶에 깊은 영감과 흔적을 남겼던 실존 인물 '요르고스 조르바스'를 소설 속에서 '알렉시스 조르바'로 재탄생시켰다. 카잔차키스는 생전에 그의 유쾌함과 순수함을 존경했고 자신에게 큰 영향을 준 인물로 평가하였다.

이 작품이 발표된 후 카잔차키스는 그리스 정교회로부터 작품 내용이 신성神聖 모독이라는 이유로 호된 비판을 받았다. 그리고 작가는 그리스 정교회에서 파문당하고, 이 소설 출간이 일시 금지되기도 하였다.

작품에는 두 사나이가 등장한다. 책 읽고 글 쓰는 방법밖에 모르는 서른다섯 살의 젊은 지식인 화자 '나'와 젊어서부터 온갖 삶의 전쟁터를 누빈 백전노장 예순다섯 살의 떠돌이 백수 '조르바'다. 화자인 '나'는 유산으로 받은 갈탄 광산을 개발하고자 크레타 섬으로 가던 중에 탄광에서 일한 경험이 있는 조르바를 아테네 피레우스 항구에서 운명처럼 만나 함께 크레타로 향한다.

광산에서 '나'는 두목이며 자본가다. 조르바는 채굴 현장에서 일하는 노동자로 어떤 이념理念과 이상理想도 믿지 않지만 '나'와 함께 생활한다. 하루가 끝나고 밤이 되면 둘의 관계는 정반대로 바뀐다. 낯선 마을에서 이방인으로 겉도는 '나'와 달리 젊은 날 발칸전쟁이 일어났을 때 조국 그리스를 위하여 총 들고 싸웠고, 죽이고 훔치고 강간하고 온갖 풍상을 겪은 조르바는 야성이 넘치는 자유인으로 생활한다.

조르바는 이상에 대한 미련을 버리지 못한 철부지 지식인 '나'의 노련한 멘토다. 호방한 성격의 그는 에로스의 달인처럼 육체적 쾌락을 정신적 환희로 바꿀 줄 아는 놀라운 마법을 가졌다.

이성적이고 이론적인 '나'는 매사에 신중하게 판단하고 행동하지만 조르바는 카바레 가수 출신인 여관 주인 오르탕스 부인과도 스스럼없이 지낼 만큼 호탕하다. 그는 이곳저곳 떠돌아다니지만 잠잘 곳을 걱정하지 않는다. 왜냐하면 어느 마을이든 과부가 있기 때문이다.

조르바는 이성이란 '물방앗간 집 마누라 궁둥짝'이고, 결혼이란 '개골창에 대가리를 집어넣은 것'이며, '하느님과 악마는 하나다'라며 자유분방한 자신의 야성을 이성적인 개념에 사로잡힌 '나'에게 행동으로 보여준다. 이념과 가치를 잘 구축하기만 하면 삶의 모든 것이 다 잘될 것으로 믿는 '나'는 조르바의 삶과 행동을 엿보면서 조금씩 그의 야성과 자유로운 영혼을 알게 된다.

조르바는 산투르santur를 가지고 다니며 즉흥적인 연주로 춤과 노래를 즐긴다. 산투르는 자신의 분신이고 마지막까지 함께하는 자유인의 표징이다. 그는 물레를 돌리는 데 거추장스럽다며 자신의 손가락 하나를 자를 만큼 초인적이고 기인 같은 면모도 보인다.

과거나 미래보다 눈에 보이는 이 순간을 즉흥적으로 즐기며 살아가는 조르바와 이성적이고 객관적인 추론에 따라 판단하고 행동하는 '나'는 사사건건 의견 충돌을 빚기도 하지만 다른 한편으로는 그의 생생한 삶의 모습을 보고 차츰 자극을 받는다.

겉으로 보기에는 평화로워 보이는 크레타섬이다. 그곳에는 타락한 수도사들이 사는 수도원도 있다. 그리고 젊고 아름다운 과부 소멜리나와 그녀에게 은밀한 욕망을 품고 있는 마을 남정네들도 있다. 노골적으로 과부를 희롱하는 마을 남자들과 달리 친절하고 신사적인 '나'에게 소멜리나는 마음을 연다.

어느 날 둘은 사랑에 빠져 함께 밤을 보낸다. 한편 술과 여자에 빠져 '나'의 사업자금을 탕진하고 돌아다니던 조르바는 오르탕스 부인과 덜컥 결혼을 약속하게 된다. 그 무렵 소멜리나를 짝사랑하던 파블리라는 마을 청년이 그녀에게 구애했다가 거절당하자 상심하여 자살하는 사건도 발생한다.

부활절에 교회 앞마당에서 마을 남자들은 과부에게 돌을 던지고 조르바가 그들을 막아서며 제지한다. 파블리의 아버지 마브란도니는 소멜리나를 칼로 찔러 죽인다. 이후 오르탕스 부인 또한 병에 걸려 초라한 죽음을 맞는다.

집단적 광기와 침묵이 공존하는 마을에서 '나'와 조르바가 추진한 갈탄 광산사업은 결국 실패로 끝난다. 하지만 조르바는 낙담보다 양고기를 굽고 포도주를 마시며 시르타키sirtaki 춤을 춘다. 소유에 대한 집착을 버리고 무소유를 받아들이는 자세를 스스로 실천하는 조르바를 보면서 '나' 역시 양고기를 뜯고 춤추는 여유 속에서 스스로 해방감을 느끼게 된다.

두 사람은 크레타섬을 떠나 각자의 길을 찾아간다. 그리고 오 년이 지난 어느 날 '나'의 꿈속에 조르바가 나타난다. 그때부터 알 수 없는 열정에 휩싸인 '나'는 미친 듯이 글을 쓴다. 그것은 이전에 '나'가 가졌던 이상과 객관적인 관념이 아니라 온몸에서 솟구치는 환희와 역동적인 야성의 흐름이다.

조르바에 대한 스토리가 완성되는 순간 그가 죽었다는 사실과 함께 조르바가 자신의 분신처럼 여겼던 산투르 악기를 '나'에게 남긴다는 내용의 편지가 도착한다. 현실이라는 무거운 굴레의 억압에서 벗어나 자신이 원하는 대로 행동하는 영혼이 자유로운 조르바를 통하여 '나'는 진정한 자유의 의미를 깨닫고 감화된다는 줄거리다.

조르바는 이성을 일깨우는 어떤 교육도 받지 못한 늙은 노동자다. 그렇지만 그는 꽃이 핀 나무, 냉수 한 컵, 빵 한 조각도 바라보는 순간 경이로운 수수께끼처럼 열정적으로 보고, 만지고, 냄새를 맡을 줄 아는 감성을 가지고 있다.

곡괭이를 다루고 산투르를 연주할 수 있는 거친 손을 가졌으나 여성에게는 특별하다. 즉 여성의 치모를 모아 베개를 만들어 베고 잠을 자는 기괴하고 상식을 뛰어넘는 야성도 가지고 있다.

조르바를 거치면 일상의 모든 것들이 신성한 야만으로 돌아간다. "당신이 바라는 만큼 일해 주겠소. 거기 가면 나는 당신 사람이니까. 하지만 산투르 말인데 그건 달라요. 산투르는 짐승이요. 짐승에겐 자유가 있어야 해요. 춤도 출 수 있소. 그러나 분명히 말해 두겠는데 마음이 내켜야 해. 나한테 윽박지르면 그때는 끝장

이오. 당신은 내가 인간이라는 걸 인정해야 한다 이겁니다." "인간이 무슨 뜻이냐고?", 단호하게 조르바는 말한다. "자유라는 거지!" 이 대목에서 조르바는 진정한 자유인이라는 것을 선언한다.

카잔차키스는 《영혼의 자서전》에서 "내 영혼에 깊은 자취를 남긴 사람을 대라면 호메로스와 부처, 니체와 베르그송, 조르바를 꼽으리라. (중략) 조르바는 삶을 사랑하고 죽음을 두려워하지 말라고 가르쳤다."라고 고백하였다. 카잔차키스는 그들의 사상을 승화시켜 자연인의 본원적本源的인 생명력을 잃지 않으면서도 자신의 문학적 사상을 잘 담아낸 대표작이 《그리스인 조르바》이다.

카잔차키스는 이 작품 때문에 죽어서도 그의 고향 크레타섬에 있는 이라클리온 성안 교회 묘지에 묻히지 못하고 성 밖 공터에 안장되었다. "나는 아무것도 바라지 않는다. 나는 아무것도 두려워하지 않는다. 나는 자유다."라는 그의 묘비 글귀에는 조르바의 정신을 잘 표현하고 있다.

1964년에는 그리스계 키프로스 미카엘 카코야니스 감독이 이 작품을 영화화하여 아카데미 영화제에서 세 개 부문의 상을 받았다. 조르바 역을 맡은 앤서니 퀸의 시르타키 춤 장면은 자유인으로서의 맑은 영혼을 표현한 명장면이다. 그 춤은 힘들고 치열하게 살아가야만 하는 세파 속에서 삶의 가장 밑자리까지 떨어지면서도 그가 사랑한 자유를 온몸으로 표출한다. 따라서 시르타키 춤사위는 오직 영혼이 자유로운 조르바에게서만 느낄 수 있다.

슈호프의 고발
— 알렉산드르 솔제니친, 《이반 데니소비치, 수용소의 하루》

    소설은 '조국에 대한 배신'이라는 죄목으로 라게리(소비에트 정치범 등의 노동수용소)에 수용된 이반 데니소비치 슈호프의 하루를 투명 인간이 옆에서 들여다보듯 섬세하게 그린 솔제니친의 처녀작이다. 배경은 악명 높은 스탈린 시대로 소비에트에서는 한 인간의 운명쯤은 아무렇게나 바꿔놓을 수 있는 그런 세상이었다.

    솔제니친은 지극히 평범한 한 죄수의 억압된 수용소 생활을 유머러스하고 담담한 필담으로 일상을 묘사하였다. 발표 당시 사회주의 지배 권력에 희생당한 약자들을 대변한 작품으로 전 세계에 많은 울림을 주었다.

특히 비인간적인 수용소 상황과 그 안에서 인간의 존엄성을 지키려는 군상群像들의 외침이 사실적이면서도 진솔하게 담겨 있어 그 자체만으로도 충격이었다. 그리고 비인간적인 공간에서 그려진 인간적인 모습과 절망적인 상황에서도 희망을 잃지 않으려는 불굴의 정신에 많은 독자가 환호한 작품이다.

1962년 파리에서 이 작품이 발표된 후 세계문학계에서는 '해빙'으로 개화한 소비에트 문학의 정점을 보여 주는 작품이라고 평가하였다. 소설은 각국어로 번역·출판되어 세계적인 베스트셀러가 되었고 솔제니친은 1970년 노벨문학상을 받았다.

하지만 1971년 《1914년 8월》이 파리에서 출판한 후 1973년에는 《수용소군도》 원고가 국가보안위원회KGB에 압수되는 수난도 겪었다. 그리고 같은 해 말 수용소군도 1권이 파리에서 출판되자 이듬해 2월 당국에 체포되어 시민권을 박탈당하고 결국 국외로 추방당한다.

솔제니친은 서독으로 추방된 뒤에도 소비에트에서의 문학적 삶을 묘사한 《졸참나무와 송아지》, 러시아에 대한 미국의 잘못된 이해를 지적한 《치명적인 위험》 등 꾸준히 작품 활동을 하였다. 그 후 소비에트연방이 해체되자 1994년 망명 20년 만에 고향 땅을 밟은 저항 작가이자 비운의 작가다.

소설 줄거리는 주인공 슈호프가 평소처럼 기상 신호인 레일 두

드리는 망치 소리에 눈을 뜬다. 기상부터 아침 점호까지는 자기 시간으로 쓸 수 있지만, 그는 그 시간을 단 한 번도 낭비한 적이 없을 정도로 성실한 수형자다. 그러나 어제부터 몸이 좋지 않고 한기마저 느끼고 있어 오늘 아침은 좀처럼 일어나려 하지 않는다. 하지만 작업하러 나갈 수밖에 없는 것이 수용소의 실상이라 평소와 같이 하루를 시작한다.

생선 가시와 썩기 직전의 양배추 잎이 둥둥 떠 있는 죽으로 아침을 먹고 조그만 빵을 둘로 나누어 그 가운데 한쪽을 침대에 숨긴다. 그리고 혹한의 추위에도 아랑곳하지 않고 점호와 신체검사를 마치자 그가 소속된 104반은 무장한 간수들의 인솔에 따라 작업장으로 행진한다.

오늘 작업은 그동안 방치되었던 발전소 벽과 지붕 보수공사. 반장은 죄수들을 제설 기계와 물, 모래와 시멘트의 운반, 벽돌 쌓기와 회반죽 만들기로 작업을 나눈다. 슈호프는 점심시간에 요리사 눈을 피해 은근슬쩍 죽 2인분을 가로채어 허기진 배를 채웠고, 오후에는 저물녘까지 즐거운 마음으로 벽돌 쌓기를 한다. 일과를 마치고 저녁에는 밍밍하지만 뜨거운 수프를 한 국자 먹는 것으로 수용소의 하루가 저문다.

중노동과 자질구레한 일로 분주했던 하루가 끝나고 침대에 누웠을 때 슈호프는 흡족한 마음으로 오늘 하루는 아주 운이 좋은 날이었다고 생각한다. 영창에 들어가지도 않았고 '사회주의 생활

단지'로 작업을 나가지도 않았으며 반장이 작업량 조정을 잘해서 일도 적게 하였다. 줄칼 조각도 검사에 걸리지 않고 무사히 숙소로 가져왔다. 저녁에는 체자리 대신 순번을 맡아 주고 벌이도 하였고 그 돈으로 잎담배도 샀다. 그리고 몸도 언제 아팠냐는 듯이 다 나았다.

소설 후미에서 그는 "오늘 하루는 눈앞이 캄캄한 그런 날이 아니었고 거의 행복하다고 할 수 있는 그런 날이었다."고 고백하면서 더없이 만족한 기분으로 잠을 청하며 하루를 마친다.

평범한 농민이었던 주인공 이반 데니소비치 슈호프는 독러獨露 전쟁에 참전하여 포로로 잡혔다가 탈주하여 아군 전선에 다다른다. 하지만 그는 적을 위해 스파이 활동을 했다는 죄목으로 당국에 체포되어 라게리에 보내졌고, 8년째 강제 노동수용소 생활을 하고 있다.

당시 소비에트에서는 악명 높은 스탈린이 철권통치를 할 때였고, 1950년대 이데올로기로 냉전사상이 극에 달하던 시대였다. 《이반 데니소비치, 수용소의 하루》는 솔제니친 자신이 노동수용소에서 자유를 감금당하였던 경험이 있었기 때문에 그의 자전적 소설이라 할 수 있다. 그리고 이 작품은 당시 사회주의 체제에서 지배 권력에 희생당한 약자를 대변한 작품으로 볼 수 있다.

소설은 주인공 슈호프가 동토의 땅 시베리아에 있는 노동수용소에서 오전 5시부터 밤 10시까지 단 하루의 일상을 그린 지극히 평범한 내용처럼 보인다. 하지만 이 작품에는 지극히 비인간적인 수용소 안에서도 인간의 존엄성을 지키려는 수형자들의 고뇌에 찬 일상과 그들의 생존 투쟁 노력을 유머러스하면서도 담백하게 묘사한 솔제니친만의 문장들을 만날 수 있다.

  소설의 앞부분에 "이봐, 이곳에는 법칙이 한 가지 있는데 그것은 바로 밀림의 법칙이라는 거야. 그러나 이곳에도 사람들은 살고 있지. 수용소 안에서 죽어가는 놈이 있다면 그놈의 남은 빈 그릇을 핥는 놈들이 있고 맨날 의무실에 갈 궁리나 하는 놈들이 있는가 하면 정보부원들을 찾아다니는 놈들이 있어" 하며, 늙은 늑대로 불리는 슈호프의 옛날 반장 쿠조민을 통하여 전선에서 압송되어 온 새 반원들에게 수용소의 실상을 함축하여 설명한다.

  소설 끝자락에 있는 슈호프의 독백을 되짚어 보건대 그가 "오늘은 행복한 하루였다"고 말한 일상은 과연 진실일까. 벗어날 수 없는 극한적인 상황에 길든 그가 반어적으로 말한 것이다. 수용소의 실상은 조금이라도 간수들 눈에 어긋나면 영창에 끌려갈 수밖에 없다.

  그곳의 실상은 간수들이 식자재를 빼돌려 수형자들은 음식을 제대로 먹지 못하여 허기에 시달리고, 변변한 도구나 자재가 부족한 상황에서도 잠시도 쉬지 못하게 의미 없는 일을 시킨다. 수형자들은 춥고 더러운 그곳에서 시도 때도 없이 수색당하고 불합리한 지시에도 따라야만 하는 노예 아닌 노예다. 그리고 몸이 아파도 제대로 치료를 받거나 쉬지 못하고, 휴일에도 일해야 하는 고달픈 일상이 반복된다.

작년 봄 코카서스 세 나라를 여행하면서 스탈린의 고향 조지아 고리Gori시에 두 번 들렀다. 그곳에는 그의 기념관이 을씨년스럽게 자리 잡고 있었다. 하지만 왠지 들어가고 싶지 않아 그냥 스쳐 지나갔다. 지워질 수 없는 분단의 상처 때문에 발걸음이 그곳으로 옮겨지지 않았다. 그의 출생과 삶 그리고 그가 세운 사회주의 업적이 지금 무슨 의미가 있겠는가. 하지만 길거리 한 모퉁이에 있는 그의 동상 앞에서 발걸음을 멈추고 그곳 사람들의 이야기를 들었다.

조지아 사람들이 스탈린을 바라보는 감정은 양면적이었다. 나이 든 세대에게는 지난 시절의 상흔이 기억하기 싫지만 추억으로 남아 있고, 젊은 세대는 스탈린과 소비에트는 극복해야 할 대상이 되어 있었다. 그리고 이제 그들에게 이데올로기는 그저 한낱 구시대의 잔재로 취급받고 있었다.

한때는 매일 아침 아름다운 꽃으로 장식하고 군인들의 철통같은 보살핌도 받았지만, 지금은 누가 스탈린의 동상이라고 이야기하지 않으면 그냥 스쳐 지나갈 뿐이다. 이야기를 들려주던 촌로가 고르바초프의 개방과 민주화로 연방이 붕괴하던 시기에 이 동상도 수난을 당하였다고 귀띔해 주었을 때, 세월의 격세지감隔世之感을 느꼈다.

스탈린 시대 공포정치의 대표적이고 상징적인 악행의 첫 번째 표상은 라게리다. 솔제니친은 그런 실상을 슈호프를 통하여 고통 속에서도 살아남기 위하여 온몸으로 저항하는 처절한 현실과 부패한 수용소 실상을 가감 없이 문학 공간에 담아냄으로써 독자들의 공감을 받았다.

그리고 이 작품은 당시 스탈린 정부에도 이념적으로 심각한 충격을 안겨 주었다. 그 결과 솔제니친은 국외로 추방당하였지만, 소비에트는 민중의 지지기반이 서서히 무너지면서 몰락의 길에 들어서게 된다.

사회주의자들은 민중혁명을 통하여 평등한 사회를 만든다고 선동하지만, 실상은 더 불평등한 사회가 만들어졌다. 그리고 가장 이상적인 국가체제라고 주장하지만, 그 체제는 오래가지 못하고 붕괴하였다.

소설은 사회주의가 가지고 있는 모순된 실상을 고발하면서 동시에 희뿌연 눈보라가 시베리아 동토에 몰아치듯이 골계미滑稽美가 처연凄然하게 그려졌다. 비인간적인 사회주의의 악행을 문학으로 승화시킨 고발장 같지만 다른 한 편으로는 러시아 문학의 진수眞髓를 이어가는 흐름을 느낄 수 있다.

슈호프는 라게리의 극한의 상황에서도 발 빠른 순발력과 탁월한 감정조절 능력을 터득하고, 그대로 보지 않고 항상 자기가 처한 실상에 따라 달리 보면서 무엇인가를 찾아 행복을 추구하는 인간으로 변신하였다. 그렇지 않으면 남아 있는 형기 삼천육백오십삼 일을 그곳에서 보내지 못한다는 것을 잘 알고 있기 때문이다.

  소설을 읽으면서 러시아 문학 특유의 잿빛 하늘과 같은 느낌이 물씬 풍기는 암울한 분위기와 더불어 투르게네프에서 톨스토이에 이르기까지 러시아 문학에서 사랑받은 소박한 영혼의 소유자를 만났다. 그리고 이데올로기라는 잣대로 재단되어 죄인 아닌 죄인으로 전락한 한 인간의 티 없이 맑은 순수성을 보았다.

이상을 찾아
— 서머싯 몸, 《달과 6펜스》

　서머싯 몸은 《달과 6펜스》의 시작 부분에서 "예술이란 정서의 구현물이며 정서란 만인이 이해할 수 있는 언어로 말한다."라고 하였다. 그리고 화자를 통하여 "인간은 신화를 만들어 내는 능력을 타고나고 그것은 범상한 삶에 대한 낭만적 정신의 저항"이라고 독자에게 의미심장한 이야기를 한다. 주인공 스트릭랜드의 신화적 예술 창조 능력과 삶에 대한 저항이 파노라마처럼 전개될 것임을 함축성 있게 암시한다.
　소설은 프랑스 후기 인상파의 선구자인 화가이자 비非자연주의를 개척한 폴 고갱을 소재로 하였다. 서머싯 몸은 1901년 한동안 파리에 머물면서 화가들과 어울려 보헤미안 생활을 하면서 타히티에서 비참하게 생을 마감한 고갱의 예술적 삶을 알게 된다. 그는 고갱이 머물렀던 섬을 방문하여 함께 살았던 여인도 만나고 집도 답사하면서 작품세계를 탐구하였다. 특히 인간 내면을 바탕으로 그림을 그린 고갱의 화풍에서 큰 감명을 받았다고 한다.

소설은 서머싯 몸이 제1차 세계대전 기간 중에 구상하고 1918년 북스코틀랜드 병원에서 요양할 때 쓰기 시작하여 전쟁이 끝난 1919년에 발표하였으니 올해가 100주년이다. 소설은 전쟁 중에 작품을 구상하였음에도 전쟁 이야기는 한 구절도 쓰지 않았다. 그는 미적 향수享受 형성에 가치를 두고 인간의 성격과 심리를 치밀하게 분석한 후 자신의 예술혼과 결합하여 완성하였다.

그의 문체는 간결·명쾌하면서도 논리가 명료하여 자연스레 따라 읽을 수 있다. 소설은 평범해 보이는 듯하지만, 재치가 넘치는 문장이 많다. 그리고 서머싯 몸만의 예리한 인간 내면 탐구능력이 돋보이고, 유미적으로 표현한 문장들은 부드러우면서도 미려美麗하다. 비평가들은 그의 천재적인 문학성을 인정하여 출간 10년 만에 고전으로 평가하였다.

고교 시절 문학도는 아니었으나 틈틈이 명작을 읽었다. 하지만 그때는 스스로 책을 고르기보다 누군가가 권유하여 읽었다. 어느 날 수업 시간에 영어 선생님이 《달과 6펜스》에 대한 이야기를 들려주며 읽기를 권하였던 기억이 있다.

당시에는 서머싯 몸이 공유하고자 했던 삶의 의미와 가치를 이해하지 못하였다. 단지 스트릭랜드의 삶을 조금 이해하는 데 그칠 뿐이었다. 그를 동정하기보다는 버림받은 아내 에이미와 가족, 화가이자 친구이면서 그가 병과 굶주림으로 어려울 때 물심양면으로 도와준 더크 스트로브, 그림의 모델이 되어주면서 사랑하였으나 버림받고 자살한 더크의 아내 블란치, 그리고 나병 환자인 스트릭랜드를 돌보면서 두 아이까지 낳은 타히티 여인 아타 등 주변 사람에게 더 동정이 갔다.

반백 년이 지나 작품을 다시 읽다 보니 따스한 봄날 동구 밖 뒷동산에 아지랑이가 모락모락 피어오르듯 처음 읽었을 때의 기억이 떠올라 감회가 새롭다. 그리고 서머싯 몸이 독자에게 전하고자 하는 삶의 가치와 의미를 학창 시절에 읽었던 때와는 비교할 수 없을 정도로 깊은 울림이 나의 영혼을 일깨운다.

좀 더 일찍 삶의 주인공으로서 자신의 의지대로 살 수 있었으면 하는 아쉬움이 스쳐 지나간다. 하지만 이제부터라도 남아 있는 삶은 눈앞의 6펜스를 쫓기보다는 달의 이상을 품어야 하지 않을까 생각한다.

소설 제목《달과 6펜스》는 특이하다. 손에 잡히지 않는 달은 무엇이고, 눈앞에 보이는 변변찮은 가치의 6펜스는 무엇이란 말인가. '달'과 '6펜스'는 서로 다른 가치를 가진 세계를 암시한다. 서머싯 몸은 달이 가지고 있는 이상의 가치와 동전 6펜스라는 현실의 가치를 비교한다. 둘 다 둥글고 밝은 빛을 띤다는 물리적인 외형의 특성은 같지만, 서로 다른 성질과 가치를 지니고 있다. 즉 눈앞에 보이는 동전 몇 닢의 가치에 만족하면서 살 것인지, 아니면 달이 가지고 있는 이상의 가치를 찾아 의미 있게 살 것인지를 독자에게 묻는다.

스트릭랜드는 자신이 가지고 있는 모든 것을 버리고 새로운 삶을 찾아 떠나는 그의 모습이 부럽기도 하지만, 다른 한편으로는 사랑하는 가족과 인간관계를 절연하면서까지 과연 자신의 욕망을 찾아 떠나야 하는지도 되돌아보게 한다.

모든 인간에게 있는 보편적인 욕망, 즉 자유롭지 못하고 억압적인 현실에서 벗어나 본마음이 요구하는 대로 자유롭게 살고픈 마음은 누구나 가지고 있다. 하지만 지금까지 이룬 모든 것을 포기하고 하루아침에 새로운 삶을 찾아 떠난다는 것은 결코 쉬운 일이 아니다.

소설에서 스트릭랜드는 "난 과거를 생각지 않고, 중요한 것은 영원한 현재뿐"이라고 한다. 즉 자기가 하고픈 일을 좋아하는 환경에서 마음껏 펼치며 살겠다는 것이 자신의 인생을 망치는 일이 아니라고 한다. 그리고 "연 수입 일만 파운드에 예쁜 아내를 얻은 저명한 외과 의사가 되는 것이 성공일까? 그것은 인생에 부여하는 의미, 사회로부터 받아들이는 요구, 그리고 개인의 권리를 어떻게 생각하느냐에 따라 저마다 다를 것"이라고 주장한다.

그러나 이상과 현실은 따로 있는 것이 아니라 함께 존재한다. 둘은 연인처럼 서로 조화를 이루어야 하는 관계다. 현실적으로도 이상과 현실을 경계 짓는다는 것이 쉽지 않다. 지나치게 이상의 경지에 들면 악한 무한에 빠져들고, 현실에 안주安住하면 자아自我를 이루기가 어렵다. 아니 불가능할 수도 있다. 따라서 지나치게 이상을 쫓다보면 사유의 감옥에서 혼령에 사로잡혀 헤매게 되고, 그와 반대로 현실에 안주하게 되면 진정한 삶의 가치를 잃고 탐욕에 빠지기 쉽다.

소설에서 스트릭랜드는 지극히 관능적이고 이기적인 사람이다. 당시 사회적 인습과 가치에서 벗어난 그의 행위가 정당화될 수 있었을까 하는 생각을 해본다. 그는 아내와 가족을 버리고 떠났고, 절친한 친구 더크 스트로브와 그의 아내를 죽음에 내몰았음에도 그는 자신 때문이 아니라고 윤리적 기준을 거부한다. 그는 자신의 욕망을 충족하기 위하여 기본적으로 자기가 거부하는 세계의 기준을 인정하지 않는다. 그 이유는 자신의 행동에 대한 양심의 가책이 자기 기준에 벗어나지 않는다고 생각하기 때문이다.

소설을 읽는 내내 스트릭랜드는 타성적 욕망과 세속적 가치를 거부하며 인습과 가치로부터 자유롭다는 것을 알 수 있다. 그런 연유인지는 알 수 없지만, 서머싯 몸은 스트릭랜드를 당시 의료수준으로는 불치병인 문둥병 환자로 그렸고, 마지막에는 그의 삶에 대한 윤리적 선고처럼 죽음으로 내몬다. 그는 저항하지 않고 병약한 몸에 시력까지 잃어간다. 하지만 예술혼의 눈은 오히려 더 밝아진다.

사람들의 무관심 속에 죽어가는 스트릭랜드의 모습은 이해할 수 없을 정도로 비참하게 보일 수 있으나 의연하게 죽음을 받아들인다. 그는 사회적 윤리와 기독교적 기준으로 볼 때 영혼은 구원받지 못하였을지 몰라도, 예술혼은 영원히 구원받았다.

모름지기 인간은 행복한 삶을 찾기 위하여 쉬지 않고 노력한다. 그러나 삶의 현실은 그렇게 녹록하지만은 않다. 행복보다는 하루의 안락과 안위를 위하여 살아야 하고, 때에 따라서는 '나'라는 존재를 포기하고 살아야 할 때도 많다.

되돌아보면 자신의 행동에 대한 당위성을 만들어 게으름도 피웠고, 빈둥거리며 시간을 낭비하였으며, 이런저런 구실을 찾아 살았는지도 모른다. 하지만 치열하였던 삶에서 은퇴한 지금은 자기 생각과 행동에 대하여 스스로 긍정하고, 영혼 속에 품을 수 있는 달을 찾아 그 길을 가고자 한다.

소설을 읽으면서 내 안에 있는 영혼의 종이 울렸다. 그 소리는 앞으로 살아갈 인생여정에서 많은 여운餘韻의 울림을 줄 것이다. 인생은 스스로 만드는 것이다. 이전에도 그랬고 앞으로도 그럴 것이다.

혼돈과 방황
— 어니스트 헤밍웨이, 《태양은 다시 떠오른다》

산방 작은 서재 한 모퉁이에 빛바랜 헤밍웨이 전집이 꽂혀 있다. 가끔 이 전집을 볼 때마다 옛 추억이 떠오른다. 반세기 전 이 전집을 들고 귀가하여 어머니에게 꾸지람을 들었던 고등학교 시절의 일화다. 진학을 위한 학교 공부는 하지 않고 소설 전집을 월부로 사서 읽는 것이 못마땅하였기 때문이었다. 그 시절에는 학교를 찾아다니며 월부로 파는 책 장수가 있었다. 점심시간이나 방과 후 그가 친구에게 접근하면 나에게 보냈고 나는 그의 영업 전술에 걸려 가끔 책을 사곤 하였다. 지금도 그 시절에 산 여러 질의 빛바랜 전집이 서재에 있다.

1960년대 중반은 헤밍웨이 작품이 번역되어 많이 읽던 시절이었다. 때마침 록 허드슨과 제니퍼 존스가 주연한 영화 〈무기여 잘 있거라〉와 게리 쿠퍼와 잉그리드 버그만의 〈누구를 위하여 종을 울리나〉가 국내에 상영되고, 1954년 노벨문학상을 수상하면서 대표작으로 분류된 〈노인과 바다〉가 번역되어 많이 읽히던 때였다.

그런 영향 때문이었는지 여러 작가의 고전 중에서도 헤밍웨이 작품을 좋아한다. 그 이유는 여러 가지가 있다. 그 중 단순하면서도 명쾌하고 읽기 쉬웠던 그의 하드보일드hard boiled 문체 때문이라 생각한다. 그의 작품은 항상 자신의 체험을 바탕으로 쓴 자전적 소설이었기에 가슴에 더 가까이 와 닿는다.

헤밍웨이는 스무 살 나이에 참전한 제1차 세계대전을 바탕으로 《무기여 잘 있거라》를 썼고, 스페인 내전에 참전하여 《누구를 위하여 종을 울리나》를 남겼다. 그 외에도 터키 내전에서도 그는 전장에 있었고, 제2차 세계대전 때에는 쿠바 북부 해안 경계 근무에 자원복무를 한 후 《노인과 바다》를 집필하였다. 이런 역동적 삶이 문학의 원천이 되었다. 그는 자신이 체험한 경험을 바탕으로 당시 전 세계에서 나타나던 극단적 상황에서의 삶과 죽음의 문제, 인간의 선천적 존재 조건의 비극, 운명에 맞닥뜨린 개인의 승리와 패배 등을 특유의 간결하고 진솔한 문체로 썼다. 그뿐만 아니라 그의 삶도 그런 상황과 함께하며 드라마틱하게 살았다.

미국 현대문학의 개척자인 헤이밍웨이의 문학적 고향은 쿠바라고 말하지만, 그곳 못지않게 스페인에도 그의 흔적이 여러 곳에 남아 있다. 누에보 다리로 유명한 남부 론다에는 헤밍웨이 기념탑이 세워져 있고, 산티아고 순례길에서 피레네산맥을 넘어 스쳐 가는 시골 마을 부르케떼에는 그가 머물면서 글을 썼던 작은 호텔과 커피를 마셨던 카페에도 그의 흔적을 볼 수 있다. 그리고 소몰이로 유명한 '산 페르민 축제'와 투우장이 있는 팜플로나는 그가 투우사 카예타노 오르도네즈에 매료되어 《태양은 다시 떠오른다》에 '페드로 로메로'라는 인물을 등장시킨 곳이다.

이 소설은 헤밍웨이가 1920년대 파리 특파원으로 그곳에 머물 때 체험하였던 이야기가 고스란히 녹아 있는 자전적 작품이다. 당시 파리는 세계의 교차로로서 전후 젊은이들이 모여 새로운 가치와 문화를 세우려 하였고, 다른 한편으로는 전쟁의 참상을 겪은 이들이 공허와 불안에서 벗어나지 못하고 자유를 갈망하며 방황하던 곳이었다. 그는 두 부류가 공존하는 파리에 머물면서 자신 주변 사람을 통하여 많은 실상을 파헤쳤고, 그것을 개인 차원이 아니라 한 시대의 실상으로 승화시켜 표현한 작품이다.

절정 부분에서 등장인물이 찾아가는 팜플로나는 헤밍웨이가 20대 때 종군기자로 파리에 머물면서 몇 차례 방문한 곳이다. 두 번째 부인 폴린 파이퍼와도 결혼하면서 이곳을 여러 차례 찾았다.

헤밍웨이는 투우장에서 생과 사를 치열하게 넘나드는 현장을 보고 마치 자신이 경험한 전장戰場의 연속으로 이해한다. 그때 그는 투우와 운명적 만남을 통하여 생과 사를 넘나드는 투우사의 삶을 알게 된다. 그는 팜플로나 투우장에서 본 카에타노 오르도네즈뿐만 아니라 그의 아들 안토니오 오르도네즈도 그의 르포 시리즈 《위험한 여름》에 투영시킨다.

삶과 죽음이 교차하는 전장의 종군기자 생활, 거친 바다에서 목숨을 걸고 하는 바다낚시, 야생에서 사냥을 즐기는 남성적 야성을 가진 그에게 산 페르민 축제와 투우는 전후 새로운 삶의 활력소가 되었다. 이처럼 투우장은 전쟁이 끝난 이후 삶과 죽음을 직접 목격할 수 있는 유일한 장소였고, 인간과 투우가 대결하는 순간이야말로 진실의 순간이라고 믿었다.

아 소설은 제1차 세계대전이 끝난 1920년대 파리를 배경으로 한다. 30대 중반의 미국인 제이크 반스는 참전 후 신문사 특파원으로 파리에 머문다. 그는 전쟁 중에 남자의 상징인 남근에 상처를 당한 성불구자다. 그는 간호 자원봉사자로 참전했다가 전장에서 연인을 잃은 아픈 사연을 가진 영국 여인 브렛 애슐리를 만난다. 제이크는 매력적인 그녀와 사랑에 빠졌고 둘은 사랑을 나눌 수 없어 괴로워한다. 결국 그녀는 그의 곁을 떠났고 전쟁에서 돌아온 남작 신분의 해군 장교와 사랑 없이 결혼하지만 곧 헤어지고, 제이크의 친구인 참전 영웅 마이크 캠벨과 결혼을 약속한다.

자유분방한 성격의 마이크 역시 전쟁을 겪은 후 삶의 목적을 상실한 채 술로 나날을 보내면서 고통에서 벗어나지 못한다. 브렛도 이혼 후 끊임없는 남성 편력으로 상실감을 달래보려고 하나 그 굴레에서 벗어나지 못한다. 여기에 전직 권투선수이자 한 편의 소설만을 발표한 후 더 글을 쓰지 못하는 고지식한 유대인 친구 로버트 콘이 합류하여 한눈에 브렛에게 반하면서 이들 사이에 미묘한 긴장이 감돈다. 마침 미국에서 잘나가는 소설가이자 제이크의 절친한 친구 빌 고턴이 친구를 만나러 파리를 방문한다. 이들은 의기투합하여 스페인 팜플로나에서 열리는 산 페르민 축제와 투우를 즐기러 떠나기로 한다.

어느 여름날 이들 다섯 친구는 스페인 팜플로나로 떠났다. 축제 기간 술과 뜨거운 열기 속에서 브렛을 둘러싼 마이크와 로버트 사이에는 아슬아슬한 긴장감이 돈다. 그들을 보고 있는 제이크 역시 그녀를 사랑하지만, 그저 지켜볼 수밖에 없다. 때마침 그들 사이를 오가던 브렛은 열아홉 살밖에 되지 않은 투우사 페트로 로메로에게 반해 어디론가 떠나자 축제 마지막 날 마이크는 참아 왔던 분노를 로버트에게 폭발시키고 만다. 결국 그들은 페르민 축제의 열기 한복판에서 폭발하는 줄거리를 담고 있다.

소설에서 헤밍웨이는 "그날 저녁 식사는 내가 기억하고 있는 전쟁터의 어느 만찬과 같았다. 포도주는 얼마든지 있고, 긴장은 무시해 버리고 도저히 막을 수 없는 어떤 일이 다가오고 있다는 느낌이 들었다. 포도주 덕택으로 나는 불쾌한 기분을 잊고 행복했다. 하나같이 좋은 사람들이라는 생각이 들었다."라고 쓰고 있다.

그리고 등장인물을 "하나같이 좋은 사람들"이라고 말하지만 그들의 가치관이나 생활방식을 살펴보면 모두 견고한 부류의 좋은 인물로 볼 수 없다. 그들 중 도덕적으로나 정신적으로도 건강한 부류는 제이크 반스와 빌 고턴과 페트로 로메로이고, 도덕적으로 병들고 피로에 지쳐 길을 잃고 방황하는 부류는 로버트 콘과 마이크 캠벨과 브렛 애슐리다. 이 작품은 두 부류를 축으로 하여 움직이며 전후 젊은 세대가 혼돈 속에서 방황하는 모습을 사실적으로 묘사하고 있다. 특히 작품 속 인물 중 헤밍웨이의 자전적 인물인 제이크는 '규범적 인물'이다. 그는 나름대로 행동 규범을 정해 놓고 그 규범에 따라 처신하려고 애쓰는 인물로 폭력, 무질서, 고통의 세상에서 '적절히' 살아가는 방법을 모색할 줄 아는 작가 자신을 표현하고 있다.

미국 현대 문학의 개척자라 불리는 그의 대표작 《태양은 다시 떠오른다》는 제1차 세계대전이 끝나고 젊은이들 사이에 무너져 버린 도덕과 윤리, 전쟁에 대한 환멸, 삶의 방향 상실 등을 잘 표현했다. 이 작품은 발표하자마자 사회에 큰 충격을 주었고 헤밍웨이는 미국 문단을 이끌어갈 젊은 작가로 떠오르게 되었다.

세상은 냉혹하고 여전히 고독하다. 지금도 혼돈에 빠져 허우적거리며 방황하는 젊은 세대가 많다. 이 작품은 그런 젊은이들에게 과연 어떻게 사는 것이 좋은지를 생각하게 한다. 그리고 고독한 혼돈에 빠져 방황하는 그들에게 이 소설은 위로를 준다.

진정한 사랑이란
― 루이제 린저, 《생의 한가운데》

　이십 대 때 루이제 린저의 《생의 한가운데》를 읽었다. 은퇴 후 기계적인 시간의 구속으로부터 자유로워져 다른 번역자의 《생의 한가운데》를 숙독하였다. 내용은 같으나 시점을 달리하여 읽다 보니 세월의 나이테가 늘어선지 예전보다 더 깊은 감동이 가슴에 파고든다.

　이 소설은 제2차 세계대전의 암담하고 혼란스러웠던 당시 독일의 상황을 배경으로 썼다. 니나 부슈만이라는 여인이 소녀에서 중년으로 이어지는 굴곡진 삶 속에서 몸부림치는 모습을 볼 수 있다. 그녀는 자신의 매력을 짓누르는 고통스러운 일상에서도 삶과 사랑은 하나라는 것을 보여준다.

　소설은 작가의 자전적 삶을 바탕으로 구성되어 있다. 루이제 린저는 반나치 활동으로 체포되어 사형선고를 받았으나 전쟁이 끝나면서 살아 남았다. 세 차례의 결혼과 이혼, 아버지가 서로 다른 자녀의 출산 등 흐트러진 삶의 모습은 소설 속에서 작가로 그려진 여주인공의 모티브가 되었다.

　소설의 백미는 니나의 삶을 슈타인의 편지와 일기를 통하여 다시금 되돌아보게 하는 부분이다. 문장은 그리 어렵지 않다. 하지만 주인공의 삶에 대한 가치관을 이해하지 못하면 느낄 수 없는 내용으로 가득 채워져 있다. 소설은 일탈에 가까운 니나의 삶과 그녀를 향한 슈타인의 사랑을 그림자처럼 따라다니며 전개된다. 언니 마르그레트가 결혼 후 오랜 세월 동안 한 번도 보지 못한 니나를 호텔에서 우연히 만나는 장면에서 이 작품은 시작한다. 그녀와 언니의 대화, 슈타인의 편지와 일기를 통해 동생의 삶이 제삼자인 언니의 눈으로 그려진다. 니나와 마르그레트의 대화는 대부분 어두운 분위기로 전개된다. 처음 읽는 순간부터 사랑의 기쁨보다는 비가 오락가락하는 날 강변을 홀로 걷는 젊은 여인과 그 뒤를 따라가는 중년 남성의 모습은 한 폭의 수채화를 보는 듯하다.

　엘리트 의사이자 교수직을 가진 슈타인이 반복되는 평범한 일상의 어느 날 광기와 절망으로 가득 찬 반항적 소녀 니나를 진료실에서 처음 만난다. 그는 첫 만남부터 자신과 정반대 기질을 가진 그녀에게 관심을 두기 시작하여 성숙한 여인으로 성장할 때까지 지켜보면서 자신의 목숨과도 바꿀 만큼 사랑하게 된다.

니나에게 보낸 슈타인의 일기는 그녀가 스무 살이었던 첫 만남부터 그가 세상을 떠나기 전까지 열여덟 해 동안 그녀의 삶 속 일들을 기록하고 있다. 일기에 쓰인 이야기를 읽어 내려가다 보면 두 주인공과 주변 인물을 만나게 된다. 니나가 슈타인을 처음 만난 상황, 고모할머니를 병간호하기 위해 떠난 곳에서 생긴 일들, 끊어질 듯하지만 계속 이어지는 인연, 대학 생활과 정치 활동, 결혼과 이혼, 자살 시도와 정치범으로 체포되어 감옥에 갇힌 상황 등 그녀의 굴곡진 삶의 모습이 고스란히 담겨 있다.

니나는 반복되는 삶의 고난을 이기지 못하고 끝없이 타락하면서도 격정적인 자세로 삶의 한가운데 서서 당당하게 살려고 몸부림친다. 하지만 그녀는 절망과 고통을 이기지 못하고 때로는 가차 없이 자신을 던져버리기도 한다. 이런 니나를 보고 슈타인은 배신으로 여겨 여러 차례 절연을 생각하면서도 얼마 지나지 않아 다시 그녀를 찾는 자신을 발견한다. 그런 자신의 행동이 니나를 향한 변치 않는 사랑이라 고백하지만, 그는 고통 속에서도 그녀에게 다가서지 못하고 그저 먼발치에서 바라보기만 한다.

소설 속에서 니나가 어떻게 그려지는지를 살펴본다. 그녀는 여러 사건을 통하여 복잡하고 다양한 감정과 개성적 행동을 하며 페미니스트 같은 모습을 보인다. 그녀는 나약하게 보이지만 모험을 두려워하지 않고, 차가워 보이지만 천성적으로 따뜻하며, 구속보다는 자유를 갈망하는 여성으로 마치 작가 자신처럼 그려진다.

　슈타인은 니나가 매번 처하는 어려움이 있을 때마다 항상 모든 것을 다하여 조건 없이 돕는다. 그러나 자신의 진정한 사랑의 감정을 보여주진 못한다. 그녀에게 보여준 일련의 생각과 행동은 어떻게 보면 병적이라고 할 정도로 집착에 가까운 사랑이었다. 물론 그는 아니라고 독백한다. 그는 니나와 달리 시대의 불안을 그저 바라보기만 하는 용기 없는 지식인이다. 그는 자신의 독백과 달리 그녀를 진정으로 사랑하였고, 그것은 삶의 유일한 의미였다. 그녀의 모든 일탈을 매 순간 이해하고 포용한 사실을 볼 때 슈타인의 행동은 숭고한 사랑이었다.

　니나의 언니 마르그레트는 이 소설에서 독자에게 어떻게 다가오는가. 그녀는 동생과 첫 만남부터 말 못 할 사연이 있다는 느낌을 받는다. 얼마 후 니나의 전화를 받고 단숨에 달려갔지만, 그녀는 언니를 불러놓고도 전화한 연유를 말하지 않는다. 그런데 언니는 슈타인이 동생에게 보낸 편지 묶음을 하나하나 읽어 가면서 오랜 세월 동안 고통 속에 살아온 니나의 과거를 차츰 알게 된다. 대화를 나누면서 동생의 삶 속으로 빠져들고 자신도 모르는 사이에 니나의 삶 한가운데 들어가 있는 감정을 느낀다.

　사랑은 아름답다. 그렇다고 무분별한 사랑도 그렇다는 것은 아니다. 진정한 사랑은 오로지 서로의 감정에 충실할 때 숭고한 사랑으로 승화한다. 니나와 슈타인처럼 그 사랑이 진정으로 맺어지지 못할 때는 애증으로 서로가 고통을 받는다. 만약 니나가 슈타인과 결혼하는 것으로 이 소설이 쓰였다면 아마 그녀는 언니처럼 안락한 삶을 살 수 있었을지 모르나 자신의 가치를 지키면서 열정과 예민한 감각을 가진 니나로 살지는 못했을 것이다.

소설을 읽으면서 오랜 세월 굴곡진 삶을 산 그녀에게 슈타인은 한순간만이라도 가슴에 품은 사랑을 보여주었으면 좋았으리라는 생각이 든다. 왜냐하면 애달픈 삶을 살아온 니나가 잠시라도 행복을 느낄 수 있었으면 하는 바람 때문이다. 끝까지 슈타인은 그녀에게 자신의 감정과 진솔한 사랑을 보여주지 못한다. 결국 기다림에 지친 니나는 사무치는 애증을 품고 그의 곁을 떠난다. 그녀가 영국으로 떠난 후 슈타인은 뒤늦게 니나를 찾아갔으나 텅 빈 방만 바라보고 한숨짓는다. 그는 마르그레트가 준 영국 주소를 받아들고 돌아서면서 "아마 당신은 우리 셋 중 유일하게 이성적인 사람일 겁니다."라는 여운을 남긴 채 돌아간다.

슈타인의 일기에서 보듯이 이 작품은 끊어질 듯하면서도 이어지는 사랑과 절망, 분노와 증오까지 인간이 느끼는 다양한 감정을 독자에게 보여준다. 그리고 마지막까지 그들 사이를 막고 있는 벽을 넘어서지 못하고 죽음에 이르는 슈타인의 삶에서 안타까움과 애틋한 사랑의 절규를 느낀다. 루이제 린저는 진정한 사랑이 어떤 것인지를 독자가 찾도록 울림을 남긴다.

루드비크의 오류
— 밀란 쿤데라, 《농담》

대화에서 농담은 윤활유 역할을 한다. 그런데 농담도 금도와 격이 있다. 목숨 같은 무거운 주제나 성적 내용은 상대방을 분노하게 하거나 심한 경우 법적인 책임을 감수해야 한다. 즐거움과 웃음이 우러나게 하는 유희의 농담은 그렇지 않다. 요즘처럼 각박하고 숨 막히는 일상의 틀 속에서 잠시 벗어나 해방감을 느끼게 하는 농담은 정신적으로도 만족을 공유하는 매력이 있다.

영국 총리였던 윈스턴 처칠은 훌륭한 정치가이기면서 유머도 잘하였다. 하원의원에 첫 출마를 했을 때 상대 후보가 '처칠처럼 늦잠이나 자고 게으른 후보를 의회로 보내서는 안 된다'고 인신공

격을 하자, 처칠은 대수롭지 않게 '아마 당신도 나처럼 예쁜 아내와 산다면 아침에 일찍 일어나기 쉽지 않을 것이오' 하며 점잖게 유권자를 열광시켰다. 그는 상대 후보를 많은 표차로 따돌리고 의회에 진출하였다. 이렇게 멋진 유머는 품격이 있다. 듣는 사람을 불쾌하게 하지도 않고 가시 돋친 앙칼짐 없이 부드러우면서도 깊은 의미가 있어 유권자와 공감대를 형성하기에 충분하다.

처칠의 유머처럼 재치와 품위 있는 농담은 길이 남아 사람들에게 감동을 주기도 한다. 농담을 엄숙하게 해야 할 이유는 없지만 그렇다고 상대방을 배려하지 않고 오히려 불쾌하게 만드는 희롱과 저속한 표현은 자제해야 한다. 멋진 유머나 조크는 듣는 사람을 감탄케 하고 멋진 농담을 한 사람은 다시 보게 만든다. 처칠처럼 상대방 공격에 대하여 말문이 막힐 정도로 정곡을 찌르면서도 웃음을 자아내게 하는 탁월한 농담은 아무나 하지 못한다.

밀란 쿤테라의 처녀작 〈농담〉은 농담이란 주제를 문학적으로 승화시키는 데 성공한 작품이다. 그의 작품은 제목에서부터 독자에게 궁금증을 갖게 하는 마력이 있다. 《참을 수 없는 존재의 가벼움》, 《느림》, 《우스운 사랑들》 등 제목만 보아도 읽고 싶은 충동을 느낀다.

이 작품의 소재는 1940년대에서 1960년대 체코 사회주의 체제의 정치적 이데올로기로부터 출발한다. 문체와 구성 측면에서 〈참을 수 없는 존재의 가벼움〉보다 읽기 편한 작품이다. 작품은 남녀 간의 사랑을 시작으로 가족 문제까지 확장해 나가면서 다양한 주제를 다루고 있다.

주인공 루드비크는 당시 체코의 이데올로기에 반하는, 트로츠키주의에 관한 단 한 번의 농담으로 되돌릴 수 없는 이념적 실수를 범하고 당에서 쫓겨난다. 그의 실수, 사랑, 복수, 절망 과정을 섬세하게 그려진다. 가볍게 던진 농담 한마디에 돌이킬 수 없는 대가를 치른 주인공의 삶을 소설 중심에 둔다.

'농담'을 상대가 받아들이지 않거나 다른 측면에서 바라볼 때 얼마나 무서운 책임으로 되돌아오는지를 말한다. 즉 가볍지 않은 장난기 섞인 농담의 주제가 어긋나게 되면 인생을 송두리째 바꾸고 비극까지 초래될 수 있다는 것을 실감나게 보여준다. 또 하나의 중심축은 세상을 지배하는 이데올로기가 발휘하는 무서운 힘이다. 이데올로기는 한 국가를 지배하는 힘을 가지고 있지만, 그렇게 무서운 이데올로기도 삶의 현실에 부딪히면 아무것도 아닌 것이 되어버린다는 더 무서운 사실을 독자에게 전한다.

작가 쿤테라는 등장인물이 겪는 내적, 외적 갈등을 매우 섬세하게 묘사함으로써 독자가 감정이입을 쉽게 할 수 있도록 한다. 이 작품에서도 가볍지만 절대로 가볍지 않은 쿤테라 특유의 문체와 기법으로 독자를 책 속에 빠져들게 한다.

등장인물은 가벼운 농담으로 인생이 꼬이고 흐트러져 복수를 꿈꾸는 제1 화자이자 주인공인 루드비크, 복수의 도구이자 제마네크의 아내로 방송국 기자인 헬레나, 루드비크의 어릴 때 친구 야로슬라프, 자신의 삶에서 내몰린 이유는 같으나 해법의 방식이 다른 지인이자 루치에의 영혼을 소유한 코스트카 등이다. 화자로는 등장하지 않지만 루드비크를 트로츠키주의자로 몰아붙이고 당에서 축출하는 데 주모자 역할을 한 제마네크, 적지 않은 비중을 차지하는 미스터리한 여인이자 루드비크와 코스트카의 마돈나로 등장하는 루치에 등도 비중 있는 인물로 등장한다..

특히 그녀의 과거를 조금씩 알아가는 과정도 소설에 대한 흥미를 더해가는 백미이고 이 여인을 다른 시간 속에서 만나 사랑을 나누는 부분에서는 루드비크와 코스트카 두 사람에 대한 사고와 삶의 방식을 엿보는 것도 흥미를 더한다.

소설의 흐름은 네 명의 화자가 돌아가며 자신의 시점에서 독백하는 과정에서 주인공 루드비크가 겪은 상황과 사건들이 맞물리면서 전체를 조망하는 구조로 되어 있다. 사랑과 우정, 복수, 연대감 등 중요한 인생 주제를 사색한다. 독자가 네 명의 마음속에 들어가 그들의 독백을 들으면 인간이 얼마나 편협하고 자신만의 세계에 갇혀 세상을 바라보고 이해하려 하는지를 깨닫는다.

소설 줄거리는 고향 모라비아로 돌아온 루드비크가 이발소에서 옛 연인 루치에를 만나 지난날을 회상하며 시작한다. 루드비크는 대학 시절 좋아하는 여자 친구에게 환심을 사려고 당시 사회를 비판하는 가벼운 농담을 엽서에 적어 보낸다. 하지만 그는 이 엽서 때문에 당 사무국에서 심문을 받고 트로츠키주의자로 낙인찍혀 제명당하고, 군에 징집되어 오스트라바 탄광으로 보내진다. 그곳에서 희망 없는 나날을 보내던 어느 날 루드비크는 공장 노동자 루치에를 만난다. 이 소녀는 청순하면서도 오묘한 매력으로 그를 사로잡는다. 이 소녀에게 빠진 루드비크는 그녀에게 육체적 사랑을 요구하지만, 성폭행을 당한 경험이 있었던 그녀에게 그것은 너무나 무서운 트라우마였다. 둘은 서로 사랑하였지만 루치에는 말없이 그의 곁을 떠난다. 루드비크는 왜 그녀가 갑자기 자신의 곁을 떠났는지 알지 못하고, 15년이 넘도록 그녀의 소식을 듣지 못한다.

그 후 고향에 돌아온 루드비크는 자신을 당에서 축출한 제마네크에게 복수하기 위하여 그의 아내인 헬레나를 유혹한다. 그는 그녀와 관계를 맺음으로써 성공적인 복수를 했다고 스스로 생각하나 결과는 아니었다. 왜냐하면 제마네크는 이미 아내를 떠나 젊은 여자와 바람을 피우고 있었기 때문이다. 루드비크는 열차 시간이 맞지 않아 얻게 된 몇 시간 사이에 참으로 농담 같은 현실에서 제마네크를 우연히 만나게 된다. 그와 만남은 우연보다는 필연이었는지도 모른다. 그는 이미 예전의 그가 아니고 젊은 애인은 질투가 날 만큼 매력적이다. 복수 대상이었던 제마네크 앞에서 복수는 무의미하였고 세월은 '새로운 세대의 젊음' 앞에서 그를 무기력하게 만든다. 그동안 복수와 미움만이 인생의 균형추 구실을 하였지만, 그는 이제 제마네크를 미워할 필요가 있는지조차 설명할 길이 없다. 루드비크는 그런 현실을 직감하고 갑자기 길을 잃고 사고의 균형이 무너지고 만다.

고향을 떠나려는 루드비크는 카페에서 헬레나의 편지를 받게 된다. 편지를 읽고 난 뒤 그녀가 자살하려 한다는 것을 직감하고 급히 달려간다. 하지만 너무나 우습고 슬프게도 그녀가 자살하려고 먹은 것이 독약이 아니라 설사약이었다는 사실에서 한 편의 코미디 같은 현장 상황에 직면한다. 화장실에서 추한 그녀 모습을 보면서 헬레나를 유혹한 것이 복수가 되지 못하였다는 사실에 허탈해하며 과거에 대한 집착에서 스스로 풀려난다.

복수에 실패한 루드비크는 절망하며 고향 친구인 야로슬라프를 찾는다. 그는 루드비크의 오랜 친구이자 아직도 전통 문화를 계승하려고 노력하는 그를 발견한다. 루드비크는 한동안 그를 피했다. 왜냐하면 한때는 친구가 지닌 가치관을 거부하였기 때문이다. 하지만 결국 루드비크는 그의 가치관을 인정하게 되고 이념적인 것을 뛰어넘어 전통의 가치관을 인정하기 시작한다. 그러나 야로슬라프가 연주 도중에 쓰러지게 되자 그는 세상이 농담을 이해하지 못한 것이 아니라 자신이 농담을 이해하지 못했음을 깨닫게 된다. 그리고 야로슬라프의 악단에서 클라리넷을 연주하며 황홀경에 잠긴다.

해학적 농담은 학문적이고 사실적인 담론에서 벗어나 세상을 조금 비틀어 보는, 그러면서도 총체적 이해를 바탕에 깔아놓고 즐거움과 웃음이 우러나게 하는 언어적 유희다. 그러면서도 그 주제와 연계하여 타인에게 사고의 확장을 끌어내는 멋진 언어다. 하지만 소설의 주인공 루드비크의 농담은 전 부분을 지배하는 키워드지만 언어적 유희보다 그 당시 금기시하는 이데올로기가 연계됨으로써 사고의 확장을 끌어내는 데 실패하면서 출발한다.

쿤테라는 소설을 통하여 루드비크의 심경 변화, 즉 그는 농담에 대해 생각이 어떻게 변화하는지를 보여준다. 루드비크의 오류는 한바탕 농담 같은 삶에서 그의 모든 행동과 신념이 남긴 상처의 잔재를 처리하느라 허송세월할 것이 아니라 좀 더 일찍 농담의 진실을 깨우쳐야 하지 않았겠냐고 반문한다. 그리고 루드비크가 농담을 이해하지 못한 것은 세상이 아니라 본인이라는 것도 깨닫게 한다. 나아가 쿤테라는 이 소설을 통하여 우리가 사는 세상의 삶은 농담에 불과하다는 것도 독자에게 전한다. 농담 같은 세상을 해학적으로 살아갈 수 있는 혜안을 찾아보자.

【서평】

자기 진실성 찾기
─ 제4부 '고전의 울림'에 관한 총평

  고전은 작품을 읽으며 대화하는 것이다. 작가와 교류하며 작품 속 인물과 대화하며 다른 한편으로는 나 자신을 반추하고 자기 진실성을 찾아 나서는 일이다. 이처럼 명작을 읽는 것은 시대와 역사를 넘어 현재와 과거가 대화하는 것이고, 고전은 글 쓴 때로부터 세월의 흐름과 변화가 있었음에도 작가가 후세 독자들에게 전한 울림의 메시지를 찾아 떠나는 독서 여행이다.

  고전 읽기는 내 삶의 지평을 높은 곳으로 올려놓기 위한 최고의 방법이다. 작품에는 삶의 진리가 담겨 있고, 인물이 보여주는 기쁨과 슬픔, 희망과 절망이 담겨 있다. 고전을 읽다 보면 나도 모르는 사이 작품 속에 빠져들어 잔잔한 감동이 온몸에 울려퍼진다.

  박태수의 서평 수필은 작가와의 대화이자 작품 속 인물들과의 대화록이고, 명작을 읽고 느끼며 사유했던 지성의 산물이다. 그의 수필은 인생의 연륜과 식견이 담겨 있고 주인공들에게 주는 애정 어린 눈길이 묻어 있다. 수필에 인용된 명문장과 함께 독자는 서평이 주는 색다른 즐거움을 맛보고, 수필집에 실린 글은 우리를 고전과 함께하는 깊은 사유와 대화의 길로 안내해 줄 것이다.

- 이 병 수(경희대학교 교수)

【작품론】

수필 외연의 확장

신 재 기
(문학평론가, 경일대학교 교수)

1. 문학에 대한 염원과 열정

무애 박태수의 《느림의 모놀로그》는 그의 첫 수필집이다. 은퇴 후 글쓰기와 인문학 공부를 꾸준히 이어온 결실을 마침내 보게 되었다. 그런데 1960~1970년대 중고등학교에 다닌 많은 사람이 국어 교과서에 수록된 문학작품을 접하면서 문학에 대한 꿈을 키웠다. 농경문화가 지배적이었고 경제적으로 가난했던 시절에 유년을 보내고 중등교육을 받은 이들 세대에게 문학은 현실 탈출구였고 낭만 그 자체였다. 가난한 현실과 결핍은 낭만주의 문학이 번성하는 토양이 되었다. 낭만의 문학, 그것이 주는 위안으로서 문학에 대한 염원은 이들 세대의 공통된 잠재의식이었다. 이들이 은퇴하고 시간과 경제적 여유가 주어지자 오랫동안 잠재해왔던 문학에 대한 꿈이 분출하기 시작했다. 21세기 시작과 함께 수필 인구의 폭증도 이런 사회문화적 추이와 무관하지 않다. 낭만주의는 한국 현대수필에서 하나의 무의식처럼 작동한다.

 수필가 박태수에게 문학이 다가온 통로도 이와 크게 다르지 않았다. 그도 "수필은 청자연적이다. 수필은 난이요 학이요 청초하고 몸맵시 날렵한 여인이다."와 같이 매력적인 표현으로 가득 찬 피천득의 〈수필〉이란 글을 통해 수필문학을 알게 되었으리라. 그러기에 그에게 수필은 "작가 자신이 경험한 삶의 흔적을 문학적 형상과 교술로 회백색의 진주 빛 문장으로 빚어 티 없이 맑은 청자연적"에 담는 글로 인식되었다. 또한 수필은 "옛 선비들이 지향한 난과 학처럼 내면에 형성된 사고와 가치를 청순하고 몸맵시 날렵한 여인과 같은 문장으로 써야"하는 것이었다. 이처럼 박태수의 문학관은 낭만주의에 바탕을 두고 있다. 이는 그의 수필세계를 구축하는 바탕이면서 문학을 동경하고 수필 창작에 대한 열정을 이어가도록 한 원동력이었다. 은퇴 후 그가 곧바로 문학 창작 마당으로 달려갔고, 고전 읽기에 열정을 쏟았던 점을 보면 이를 잘 알 수 있다. 또한 문학에 대한 동경과 열정이 수필가로 등단을 재촉했고, 오늘 작품집을 발간하는 지점까지 이르도록 했다.

 이처럼 낭만주의적 태도와 관점은 박태수 수필을 지탱하는 중요한 터전이다.

2. 논리 지향의 작품 〈돌 예찬〉

낭만주의 문학관에 토대를 두었던 만큼 박태수의 수필은 전통 지향적 경향과 방법에 안주할 가능성이 컸다. 즉 낭만주의가 강한 서정성으로 표출되는 것이 그것이다. 하지만 그는 정서 과잉을 경계하고 이성적 사유와 논리적 언어를 앞세웠다. 이런 점에서 그의 수필은 문학을 배반함으로써 자기 고유성을 확보하고자 했다. 이는 일종의 모순이다. 어쩌면 수필은 태생적으로 모순 위에 놓여 있는지도 모른다. 왜냐하면 언어를 함축적으로 사용하는 것이 문학의 기본 속성이라고 한다면, 박태수 수필은 이러한 속성과는 반대로 언어를 투명하게 사용할 때가 많기 때문이다. 언어를 투명하게 사용하는 데에는 그 나름의 이유가 있다. 글을 쓰는 자아의 관점을 드러내거나 말하려는 대상을 객관적으로 통찰할 때는 언어를 될 수 있는 대로 투명하고 논리적으로 사용할 수밖에 없기 때문이다. 여기에는 궁극적으로 소통에 이르러 독자를 변화시키겠다는 작가의 계몽적 욕망이 내재한다. 서구문학에서 차용한 '에세이' 개념이 이 같은 범주에 속한다.

가령 〈돌 예찬〉이란 작품을 살펴보자. 이 작품은 에세이, 즉 중수필을 지향하는 작품이다. 작가의 개인적 정념 노출을 극소화하고, 글의 전체 전개가 논리적 흐름을 따른다. 논리를 지향하는 산문의 속성을 잘 살린 글쓰기이다. 이치에 맞게 사고를 전개하는 것이 논리가 아니던가. 논리는 어떤 식으로든 작가의 주관적 관점을 보편화하는 데 필수적인 방법이다. 자신의 관점에 따르도록 독자를 설득하는 것에 목적을 두기 때문에 논리적 글쓰기에는 논증 과정에서 객관적 논거와 합리적 추론이 요구된다. 이 작품은 그 일환으로 유학에서 말하는 사람이 마땅히 갖추어야 할 네 가지의 성품, 즉 '인의예지仁義禮智'의 덕목을 가져온다. 또한 문헌 기록과 전통문화의 일면을 논거로서 제시하기도 한다. 감정적 교감보다는 논리적 사고를 앞세운 것이 이 작품의 특징이다.

　이 작품은 무생물인 돌을 예찬한다. 자연이나 무생물에 대한 예찬이 이루어지는 순간부터 그 대상은 의인화된다. 찬양의 내용과 기준이 인간 존재와 삶에 내재하는 것이기에 의인화를 피해갈 수 없다. 이러한 예찬은 자연스럽게 대조의 방법을 통해 인간의 특정 측면을 비판하는 구조를 취한다. 유학에서 제시하는 인의예지는 사람의 본성이 아니라, 사람이 마땅히 갖추어야 할 덕목이다. 마땅히 갖추어야 할 덕목이라는 것은 도달해야 할 이상적 가치이므로 지금의 현 상태는 그렇지 못하다는 비판의 뜻이 포함되어 있다. 그러므로 예찬류의 글은 계몽적, 교훈적 측면으로 연결되기 쉽다. 인간의 부족한 어떤 품성과 가치를 밖의 자연이나 무생물에서 찾아 배워야 한다는 것이다.

　무생물에 대한 찬양과 인간 삶의 교훈의 연결은 우리의 전통적 글쓰기가 오래전부터 자주 사용했던 방식이다. 이것은 형식이나 방법에서 새로운 것이 아니다. 그런데도 이 작품을 좋은 수필로 지목하는 까닭은 무엇인가? 예찬류 글에서 대상의 장점이 과장되기가 쉽다. 주체가 대상을 맹목적으로 숭배하거나 그것의 긍정적인 점을 높이 외칠수록 진정성은 낮아진다.

박태수의 〈돌 예찬〉에서 예찬의 기류는 논리적 사고와 분석에 기대고 있다. 이러한 논리성은 구성에서도 기승전결의 깔끔한 짜임으로 드러난다. 이 작품의 백미는 결구에서 사람에게 주는 돌의 가르침이다. 그것이 상투적인 것인데도 공감을 주는 것은 가르침만을 위한 가르침으로 끝나지 않았기 때문이다. 또한 예찬 가운데에서도 진지함과 차분함을 잃지 않은 작가의 태도가 작품의 격조를 높인다.

3. 수필의 확장

수필 쓰기는 문학의 영역 안과 밖에 동시에 걸쳐 있다. 문학이면서 문학이 아닌 것이 수필이다. 한 편의 수필이 양면성을 보인다거나, 관점에 따라 수필을 문학으로 볼 수도 있고 그렇지 않을 수도 있다는 말이 아니다. 완결된 한 편의 수필이 문학적 속성을 강하게 드러내는 때도 있고, 그 반대일 수도 있다는 뜻이다. 수필은 문학의 테두리 안에 갇힌 글쓰기가 아니다. 문학이면서도 문학

밖으로 끝없이 확장할 수 있는 것이 수필이다. 문학 안에만 머무는 수필 쓰기는 그만큼 운신의 폭이 좁아 고정된 패턴만을 생산하기 마련이다. 많은 수필가가 문학성이란 막연한 관념과 가치에 구속돼 확장성 있는 글쓰기를 실천하지 못하는 경우를 자주 목격한다. 다양한 실험과 확장은 수필 쓰기의 본질적 속성이다. 이러한 본성을 잘 살리는 창작 태도와 방법이 중요하다. 박태수 수필은 이런 측면에서 상당한 성과를 거두었다고 평가할 수 있다. 즉 외연이 넓다는 점이 장점으로 꼽힌다. 전통적인 서정 수필을 중심에 두고, 작가의 전공 분야인 일상의 건강 문제, 문학 본연에 다가가려는 욕망으로서 고전 읽기 등으로 그 외연을 확장한다.

박태수는 수필가이기 전에 보건학을 전공한 학자이고 국민건강보험공단에서 오랫동안 일한 보건행정 전문가이다. 이러한 전공 지식과 현장 경험을 바탕으로 일상의 건강 문제를 개성적 형식으로 풀어낸다. 제3부의 작품이 여기에 해당한다. 이런 작품에서 드러나는 박태수 수필의 특징은 작가의 전문지식과 정서가 적절하게 배합하여 조화를 이룬다는 점이다. 건강 문제를 정보 차원에서만 다루지 않고, 실제 생활과 연결된 주관적 감성을 포착하는 데도 상당한 비중을 둔다. 이는 그의 수필이 문학을 배반하면서 문학을 벗어나지 않는 이유이다.

작품 〈커피 한 잔의 정감情感〉을 읽어 본다. 일상의 작은 체험에서 작품이 시작한다. 개인적인 체험이나 주관적인 감성에서 객관적인 전문지식 사이를 오가면서 '커피'라는 대상을 다각도에서 분석하고 해석한다. 때로는 보건의학이란 학술적인 차원으로 나아가거나 현재에 머물지 않고 역사적 흐름까지 짚어내지만, 거기서 끝나지 않고 다시 문학의 자리로 되돌아온다. 그 신축성이 돋보인다. 가령 "지난해 국제암연구소와 임페리얼 칼리지 런던의 공동연구팀은 50여만 명을 대상으로 한 대규모 코호트 연구 결과 하루 3잔 커피를 마시는 사람의 평균수명이 그렇지 않은 사람보다 길었다는 결과를 얻었다."에서와 같이 상당히 객관적이고 과학적 정보를 제시하기도 한다. 그러면서 이 작품은 "마음의 여유가 있기에 이 순간이 행복하다. 가을비의 속삭임이 귓전을 적신다. 어느덧 커피 향에 젖은 마음은 추억의 오솔길을 뚜벅뚜벅 걷는다."로 끝맺는다. 감상적이라고 할 만큼 서정적인 결미다. 보건의학이란 과학적 글감을 취하면서도 문학으로서 수필의 속성을 유지할 수 있었던 것은 이러한 창작방법이 전제되었기 때문이다. 박태수 수필은 건강한 일상생활과 같은 현실 문제를 수필이란 형식으로 담아내는 데 개성적 면모를 잘 보여준다.

    제4장의 작품도 수필 확장의 전형적인 예다. 작가가 그동안 서양 고전문학 읽기에 심취했는데, 그 보고서 내지는 서평에 해당하는 글이 제4부의 작품이다. 이러한 고전 읽기를 통해 축적된 인문학적 통찰력과 감수성이 박태수 수필이 무게를 지니도록 하는 데 일등공신이다. 인문학적 지식과 감성이 문학적 기교보다 우선하

는 장르가 수필이다. 문학사에 널리 알려진 서구 현대소설에 대한 수필가 박태수의 공부는 문학을 깊이 있게 이해하는 기회였는데, 그것을 글로 구성함으로써 문학에 대한 전문적 식견을 더욱더 넓혀갔다. 이러한 글쓰기는 수필의 외연을 독후 에세이 및 문학비평으로까지 확장하는 성과를 거두었다.

다만 방법에 대한 고민이 뒤따르지 못했다는 아쉬움이 남는다. 제4부에서 다룬 대상 작품은 세계문학사에서 주목받아온 걸작이다. 이들 작품에 대한 비평과 연구는 세계인의 관심만큼이나 엄청나게 축적되었다. 따라서 문학 작품을 포함하여 유명 예술 작품을 대상으로 하는 비평적 글쓰기는 대상 작품 전체에 관한 보편적 의미나 가치를 해석하고 평가하기보다는 글쓰는 이의 개성적인 관점과 느낌을 부각하는 데 주력할 필요가 있다. 더욱이 비평보다 한층 유연한 글쓰기인 독후 에세이의 경우 대상 작품의 내용이 글 쓰는 사람의 구체적 경험과 연결될 때 생동감 넘치는 글로 탄생할 수 있다.

명작에 관해 글을 쓰는 것은 여간 어려운 일이 아니다. 글감을 찾는 일은 쉬울지 모르지만, 독창적 구성물로 완성하기까지 예술 작품을 감상하는 내공뿐만 아니라 방법에 대한 고민이 뒷받침되어야 하기 때문이다. 그럼에도 박태수 작가의 서구 현대소설에 관한 독후 에세이 쓰기는 개성적 면모를 보여주었다. 이는 문학에 대한 애정과 관심, 집중력, 이해력이 전제되었기에 가능했다.

4. 생활을 반영하는 수필로

　수필이 문학적 전문성을 확보할수록 그 품격이 상승하는 것은 당연하다. 하지만 수필은 전통의 전문적인 문학의 영역을 벗어나 대중문화의 일환으로서 생활과 밀착형 장르로서 새로운 존재 위상을 구축하고 있다. 예술적 완결성을 지닌 구성물로서 독자에게 감동으로 다가가는 형식이기보다는 생활 속에서 자아를 표현하고 자기 존재를 확인하는 매체의 하나로서 자리 잡았다. 표현 그 자체가 중요하다. 독자에게 감동이나 영향을 주는 것은 그다음 문제이다. 앞으로 한국 수필이 가야 할 길은 이런 방향에서 찾아야 할 것이다.

　박태수의 첫 작품집《느림의 모놀로그》는 새롭게 자리잡아 가는 수필의 위상을 잘 대변해준다. 멋과 기교에 구애받지 않으며 자기 삶의 소중한 흔적을 기억하고 의미를 부여하는 글쓰기가 박태수 수필의 핵심이다. 수필은 관념과 미학의 세계라기보다는 구체적인 삶과 생활의 세계를 지향한다는 인식에 토대를 두고 있다. 그래서 그의 수필은 앞으로 확장력을 지속해서 발휘하고 삶의 구체성을 반영하는 형식으로 다듬어질 것이다.